TRAITÉ

D'ARCHITECTURE

PARIS. — IMPRIMERIE SIMON RAÇON ET COMP., RUE D'ERFURTH, 1.

TRAITÉ
D'ARCHITECTURE

DEUXIÈME PARTIE

COMPOSITION DES ÉDIFICES

ÉTUDES SUR L'ESTHÉTIQUE, L'HISTOIRE ET LES CONDITIONS ACTUELLES DES ÉDIFICES

PAR

M. LÉONCE REYNAUD

INSPECTEUR GÉNÉRAL DES PONTS ET CHAUSSÉES, ANCIEN PROFESSEUR D'ARCHITECTURE A L'ÉCOLE POLYTECHNIQUE, ETC.

TROISIÈME ÉDITION

PLANCHES

DUNOD, ÉDITEUR

LIBRAIRE DES CORPS IMPÉRIAUX DES PONTS ET CHAUSSÉES ET DES MINES

49, QUAI DES GRANDS-AUGUSTINS, 49

PARIS — 1870

TRAITÉ D'ARCHITECTURE.

DEUXIÈME PARTIE.

TABLE DES PLANCHES.

NUMÉROS DES FIGURES.	NUMÉROS DES PLANCHES ET SUJETS DES FIGURES.	PAGES DU TEXTE.

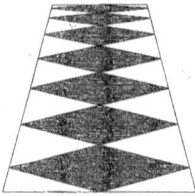
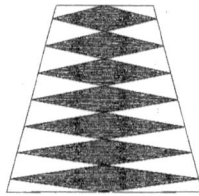
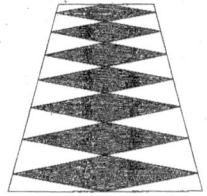

Fig. 3.   Fig. 1.   Fig. 2.

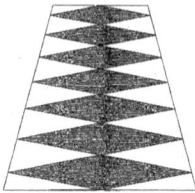

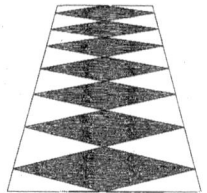

Fig. 5.   Fig. 6.   Fig. 4.

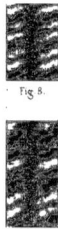
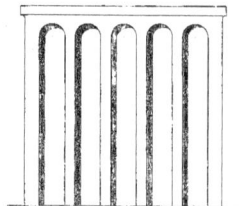

Fig. 8.   Fig. 9.   Fig. 7.

Fig. 13.   Fig. 10.   Fig. 11.   Fig. 12.   Fig. 14.

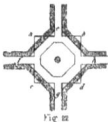
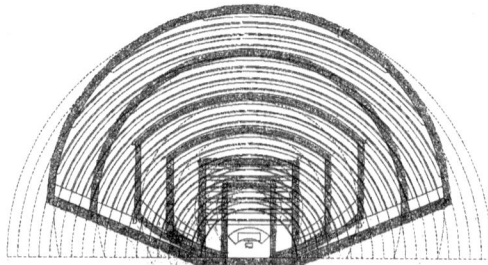

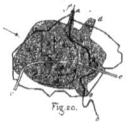

Fig. 17.

Fig. 19.

Fig. 18.

Fig. 20.

Fig. 15.

Fig. 22.

Fig. 21.

Fig. 16.

Fig. 23.

Fig. 24.

Fig. 2.

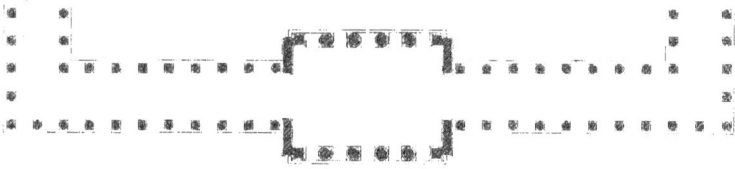

Fig. 1.

Fig. 3.

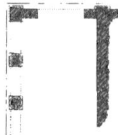

Fig. 4.

Fig. 5.

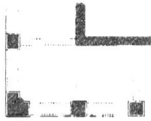

Fig. 6.

Fig. 7.

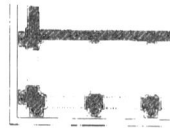

Fig. 8.

Échelle
de la Fig 2.
de la Fig 1.
des Fig 3 à 8.

PORTIQUES

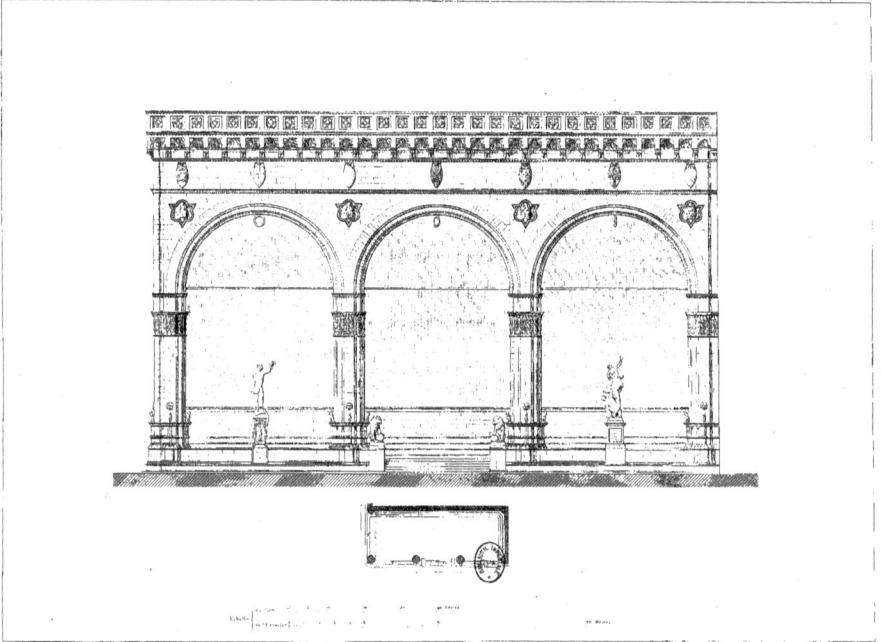

LOGE DES LANZI, A FLORENCE.

Fig. 4.

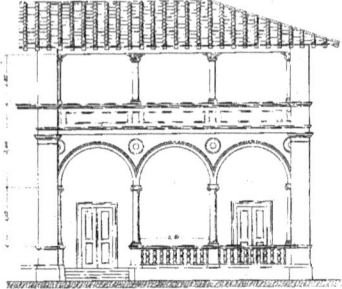

Fig. 6.

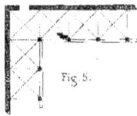

Fig. 5.   Fig. 7.

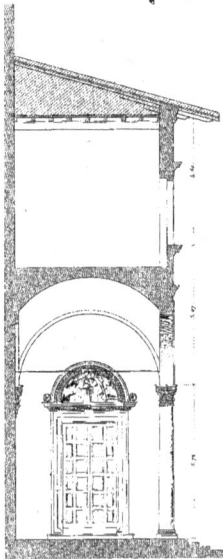

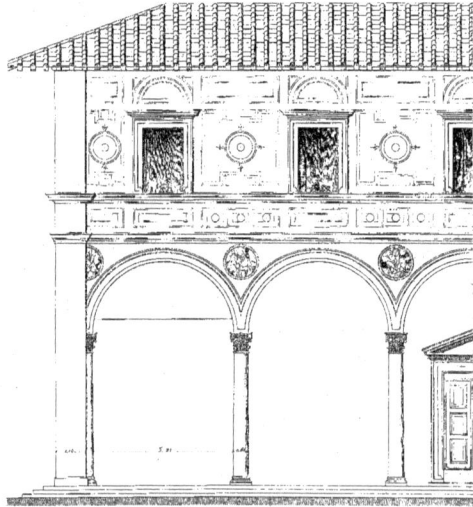

Fig. 2.   Fig. 1.

Fig. 3.

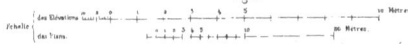

PORTIQUES D'ARCADES SUR COLONNES.

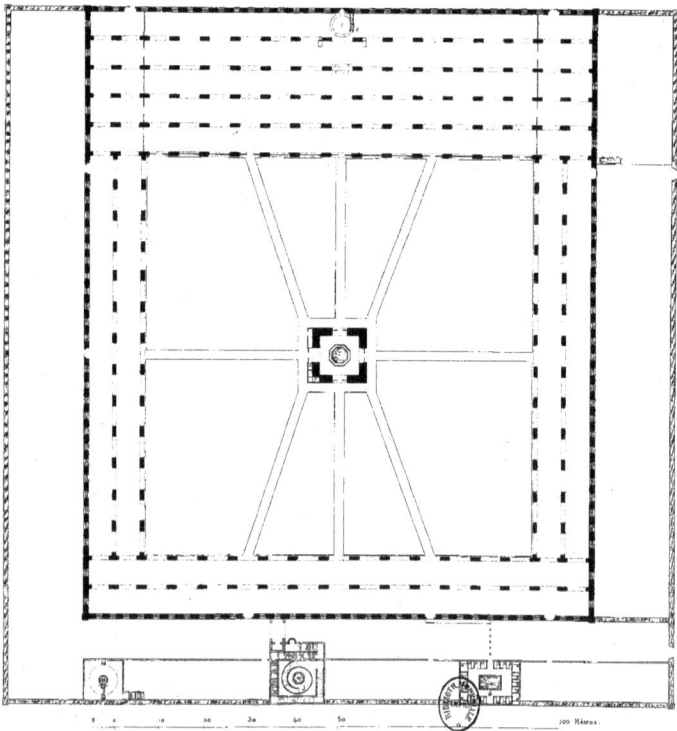

MOSQUÉE.

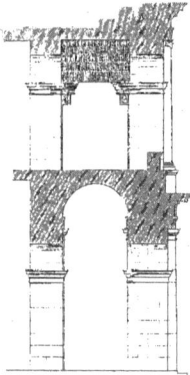

Fig. 2.　　　　　　　　　　　　　　Fig. 1.

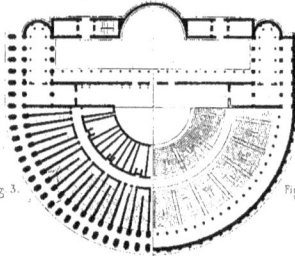

Fig. 3.　　　　　　Fig. 4.

Fig. 6.　　　　　　　　　　　　　　Fig. 5.

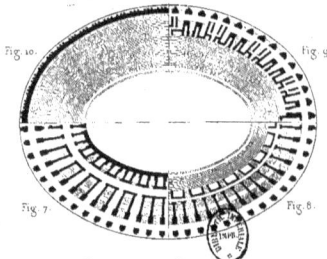

Fig. 10.　　　　　　　　　Fig. 9.

Fig. 7.　　　　　　　Fig. 8.

THÉATRE DE MARCELLUS. __ AMPHITHÉATRE DE NÎMES.

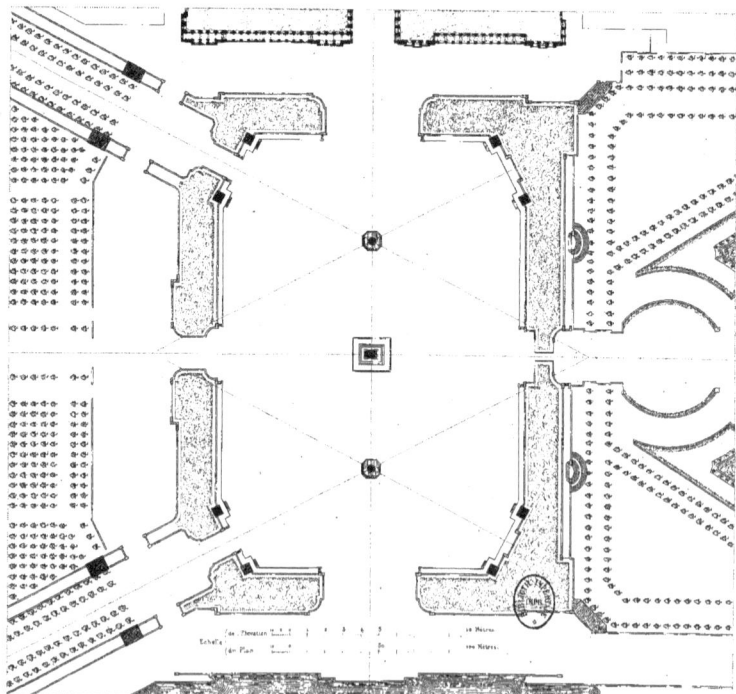

PLACE DE LA CONCORDE

Fig. 3.

Fig. 5.

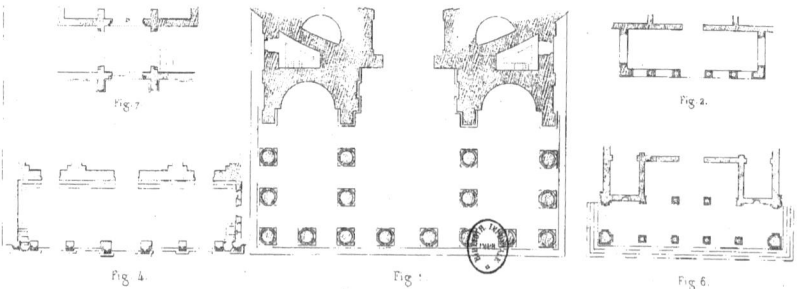

Fig. 7.

Fig. 2.

Fig. 4.

Fig. 1.

Fig. 6.

Échelle { des Élévations .... 10 Mètres.

des Plans .... 30 Mètres.

PORCHES.

Fig. 2. Fig. 3.

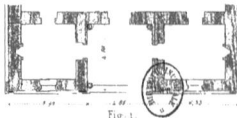

Fig. 1.

Echelle { des Fig. 2 et 3. | de la Fig. 1.

PORTE DORÉE.

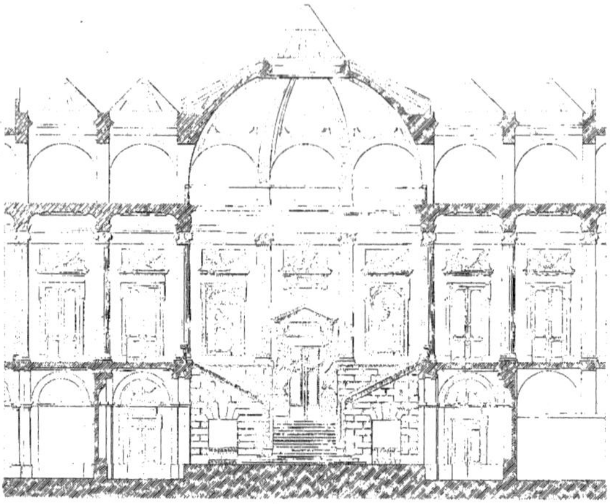

Fig. 4.

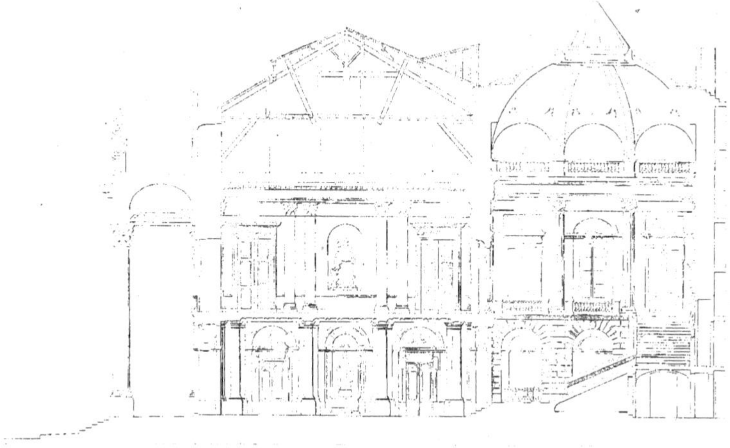

Fig. 3.

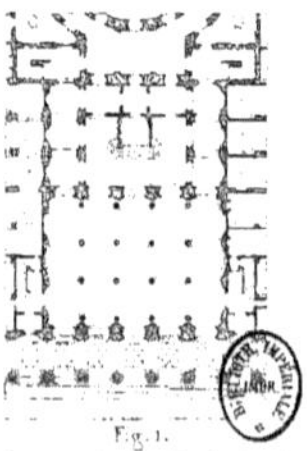

Fig. 1.

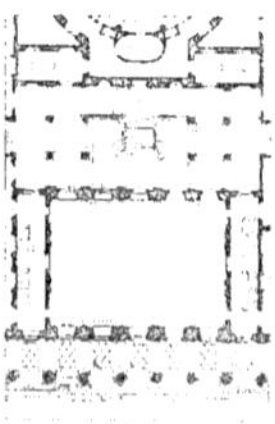

Fig. 2.

Echelle { des Coupes 0 1 2 3 4 5 10 20 Mètres
{ des Plans 0 10 20 30 Mètres

VESTIBULE DU THÉÂTRE DE BORDEAUX.

Fig. 2

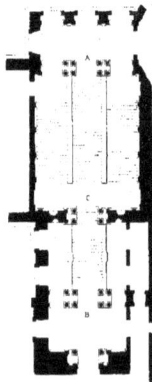

Fig. 4

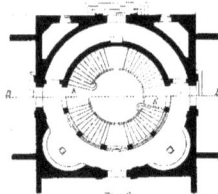

Fig. 6

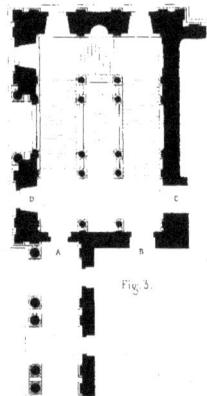

Fig. 3.

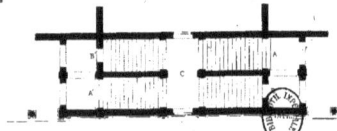

Fig. 5

Echelle { de la Coupe

du Plans

ESCALIERS.

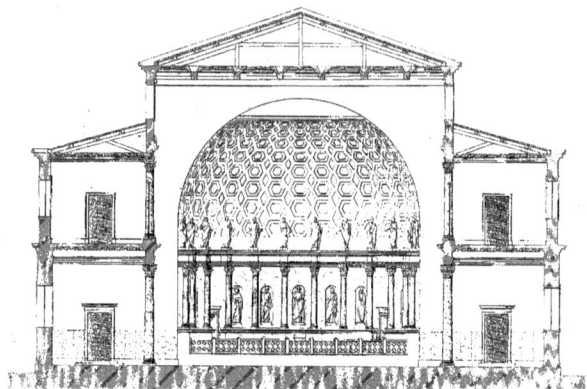

Fig. 2.

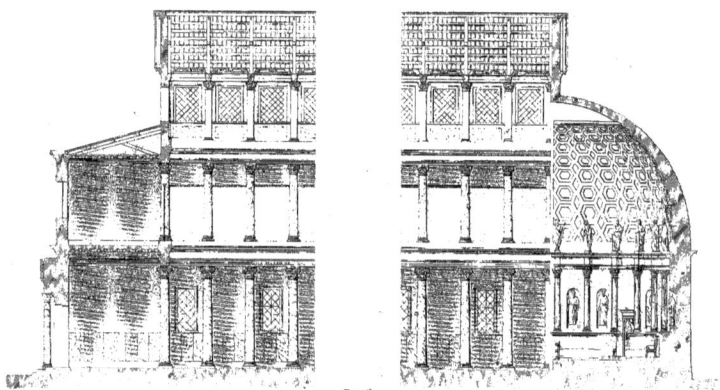

Fig. 3.

Fig. 1.

Echelle des Coupes.

Fig. 4.

Fig. 5.

Echelle des Plans.

BASILIQUES ANTIQUES .

Fig. 2.

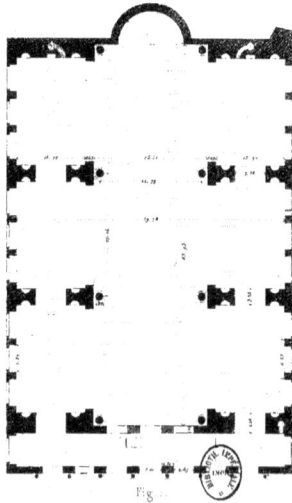

Fig. 1.

BASILIQUE DE CONSTANTIN.

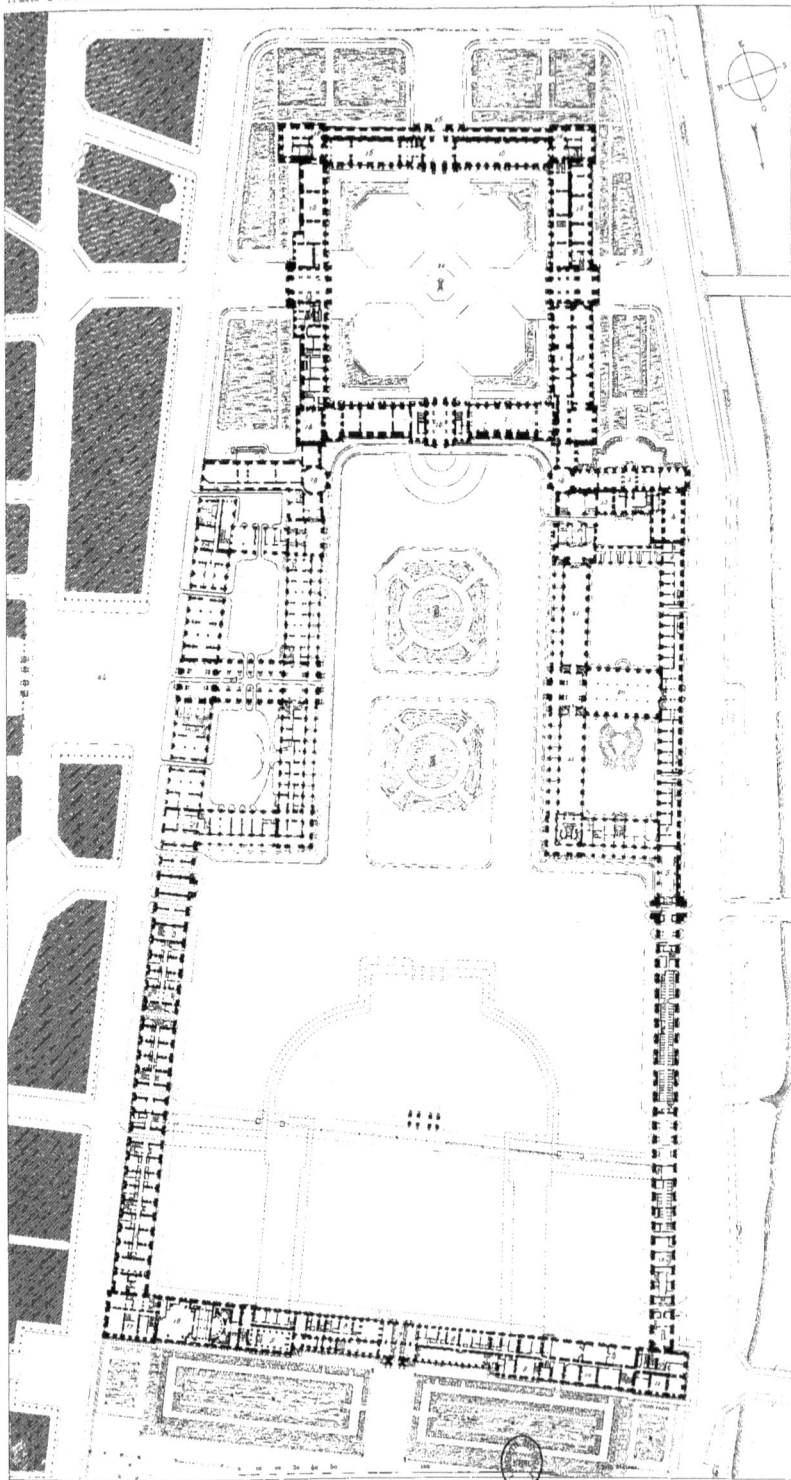

PALAIS DU LOUVRE ET DES TUILERIES.

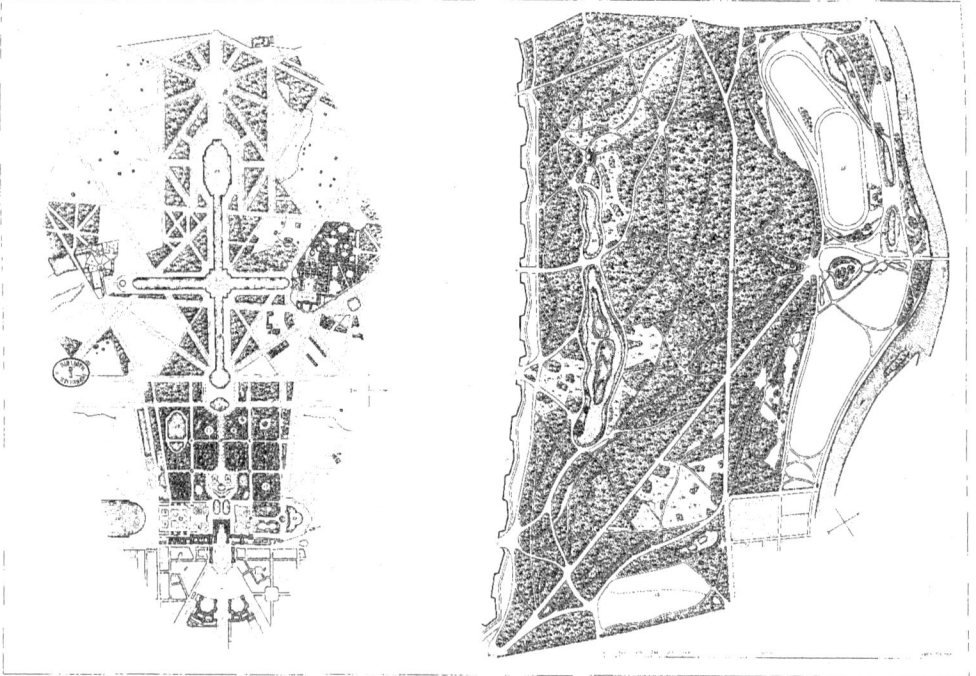

Fig. 1.

Fig. 2.

FONTAINES.

Fig. 1.

Fig. 2

Fig. 3.

FONTAINES.

Fig 3.

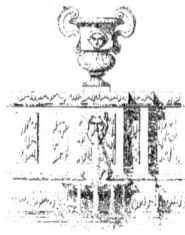

Fig 1.

Fig 4.

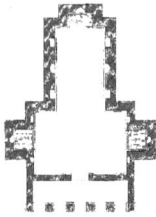

Fig 6.

Fig 5.

Fig 7.

Fig 2.

FONTAINES.

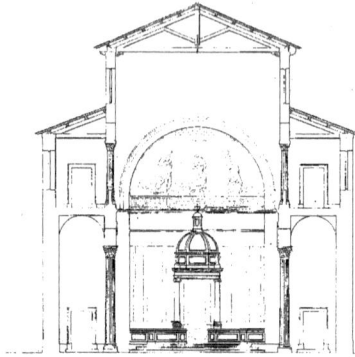

Fig. 1.

Fig. 2.

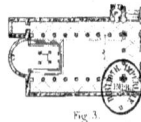

Fig. 3.

Echelle { des Coupes ...... } 5 .... 10 .... 15 Mètres
        { du Plan ...... } 10 ...... 20 ...... 30 Mètres

SAINTE AGNÈS HORS LES MURS A ROME.

Fig. 6.

Fig. 5.

Fig. 4.

Fig. 3.   Fig. 1.   Fig. 2.

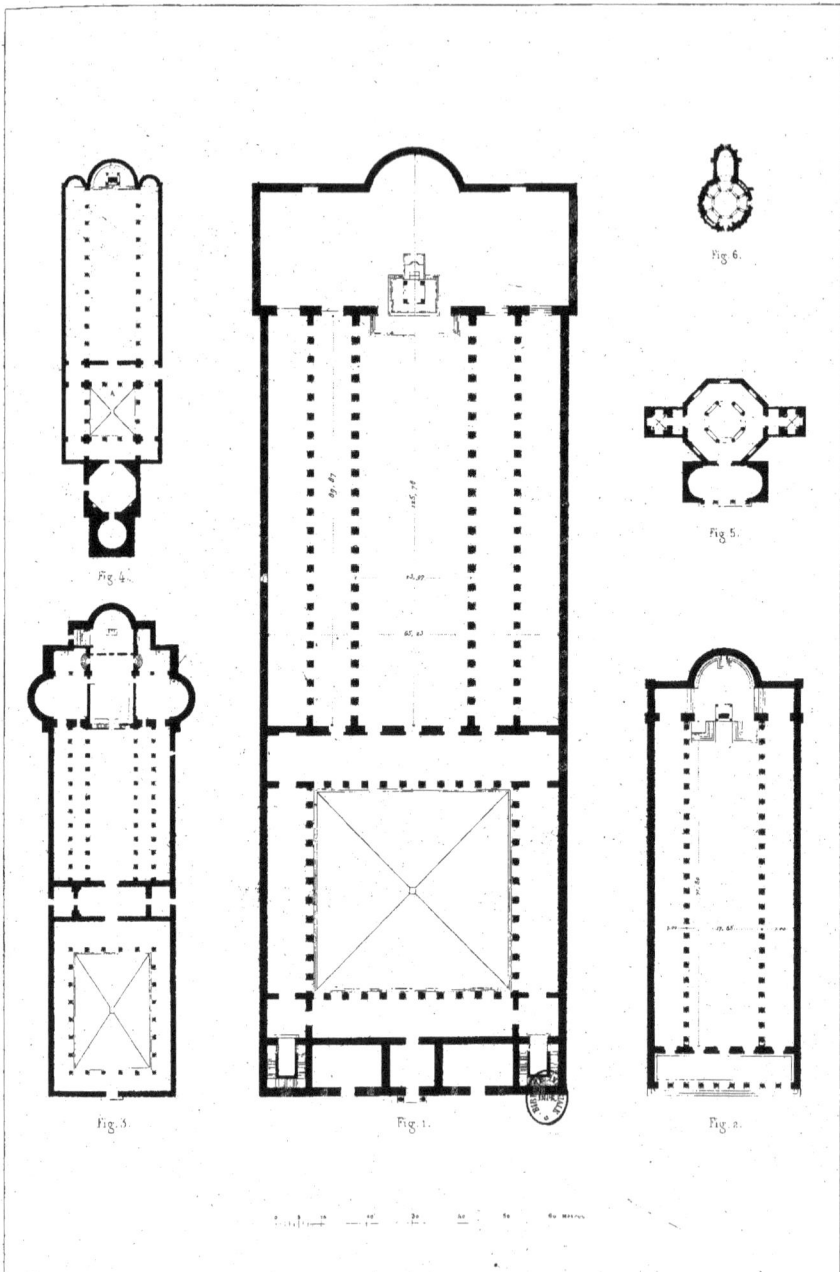

PLANS DE BASILIQUES.

SAINT PAUL HORS LES MURS A ROME

Fig. 2

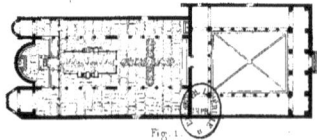

Fig. 1

Echelle du Plan

SAINT CLEMENT, A ROME.

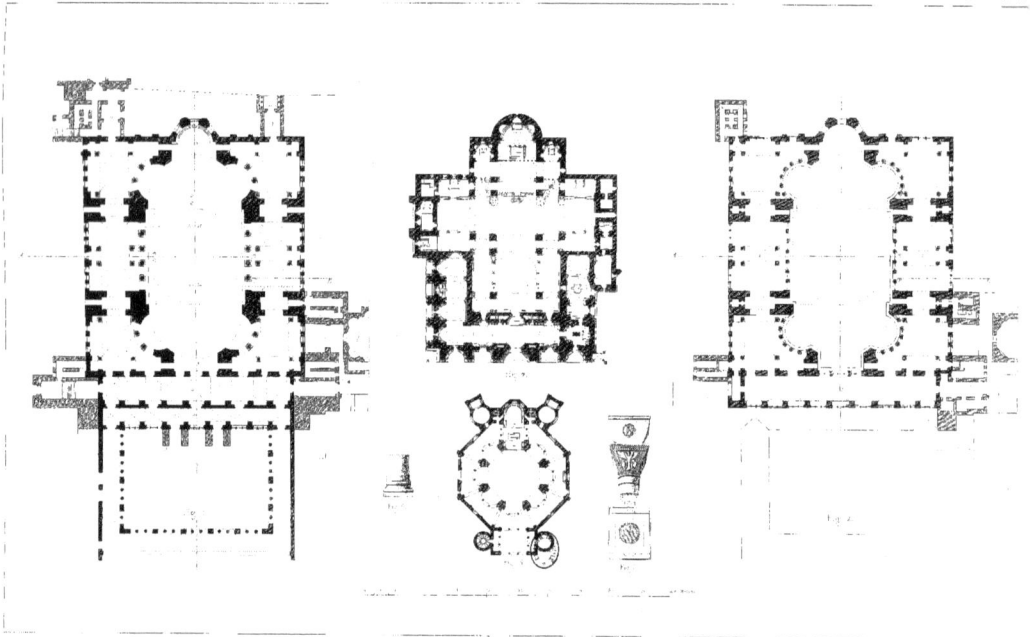

St SOPHIE St VITAL et St MARC

SAINTE SOPHIE DE CONSTANTINOPLE

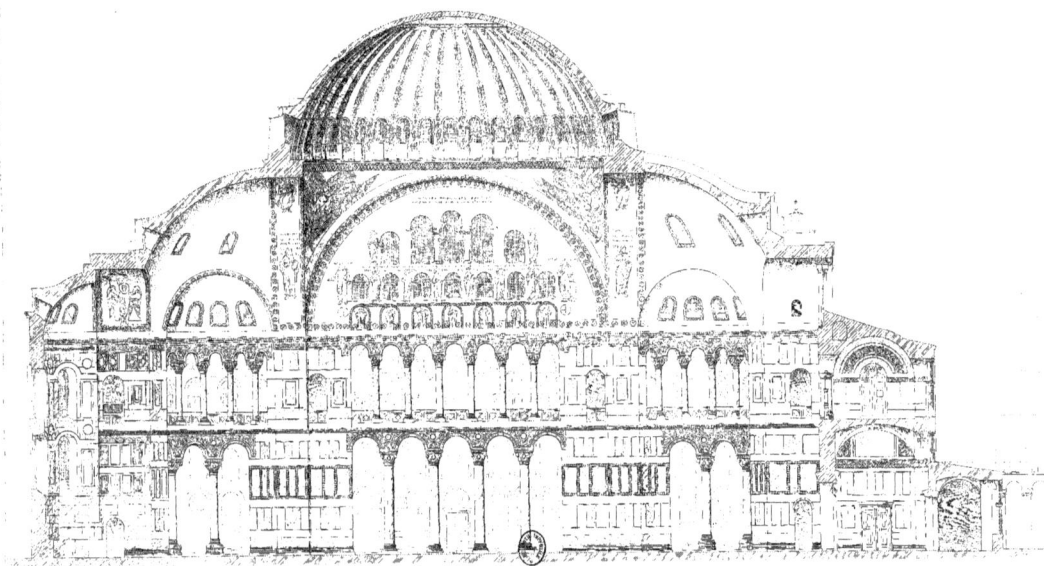

S.te SOPHIE DE CONSTANTINOPLE

STE SOPHIE DE CONSTANTINOPLE

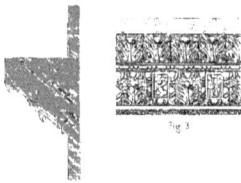

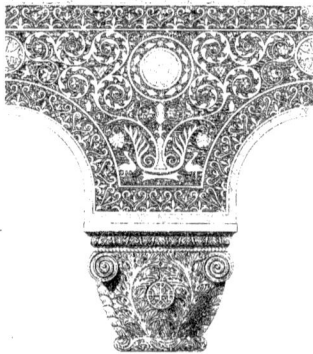

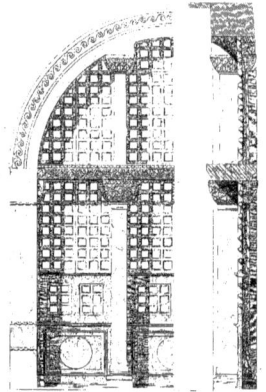

Fig. 3

Fig. 4

Fig. 5

Fig. 5

Fig. 6

Fig. 8

Fig. 7

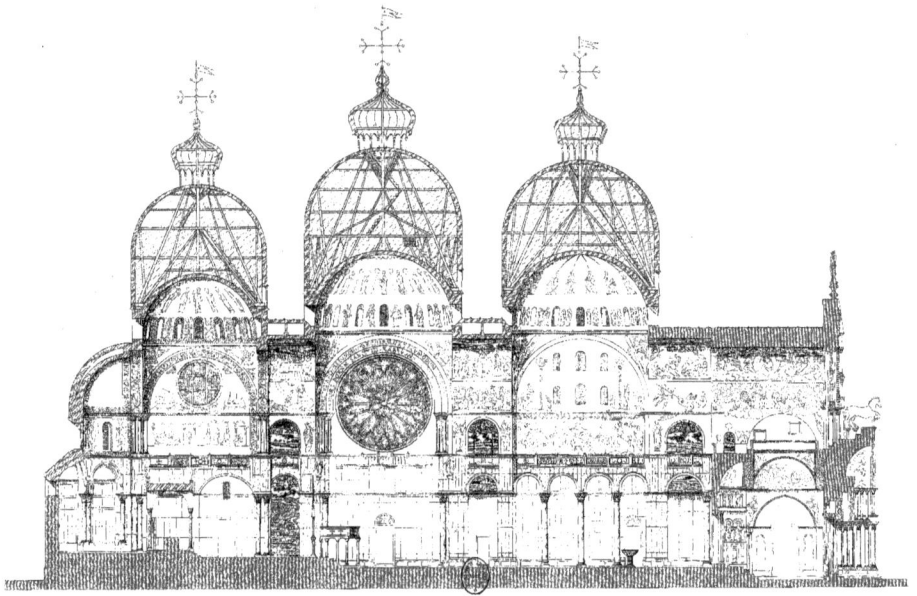

St MARC DE VENISE

Fig. 1.

Echelle { du Plan   o   1   2m   1o   2o   3o   4o   5o   6o Mètres.
         { des Coupes a b o   5   1o   2o   3o Mètres.

CATHEDRALE D'ANGOULÊME.

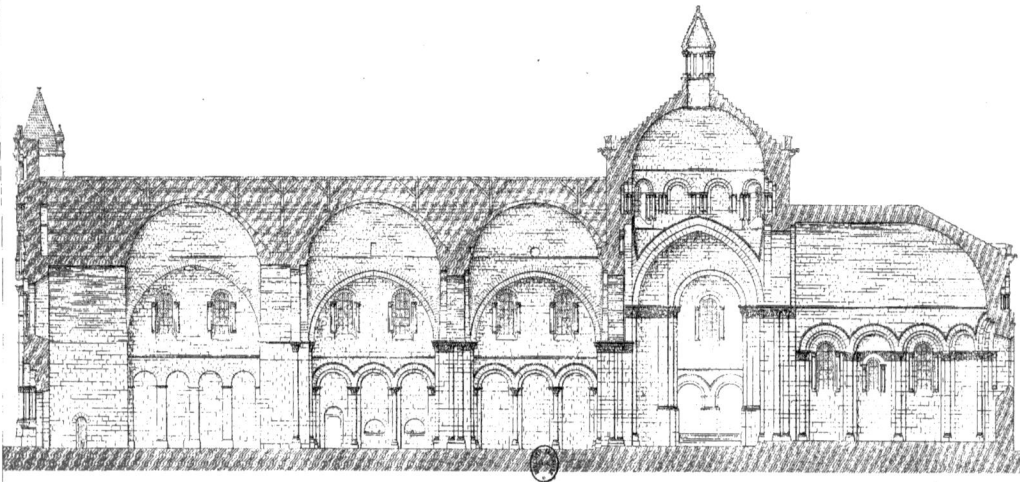

CATHÉDRALE D'ANGOULÊME

Fig. 1.

Fig. 3.

Fig. 4.

Fig. 5.

Fig. 2.

Fig. 6.

Echelle { des Détails
{ des Élévations

CATHÉDRALE D'ANGOULÊME.

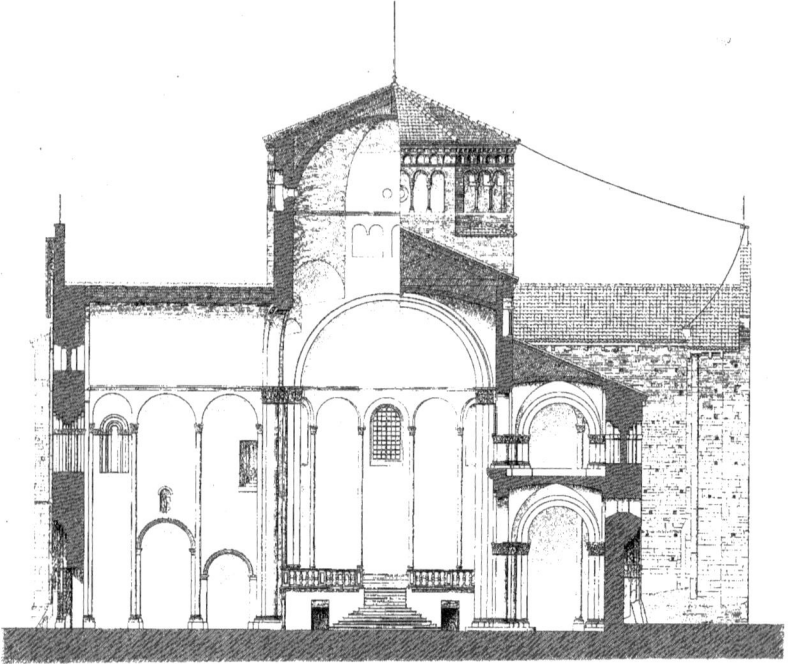

Fig. 2.

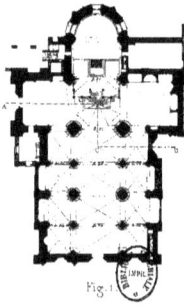

Fig. 1.

Echelle { du Plan

de la Coupe

Sᵗ MICHEL DE PAVIE.

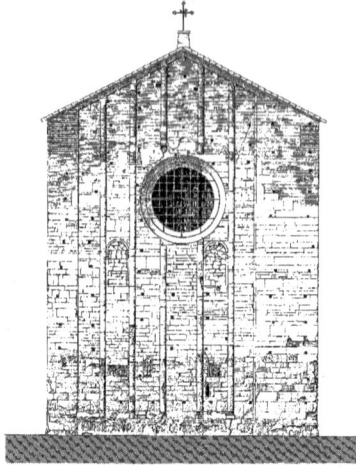

Fig. 2.

Fig. 1.

ST MICHEL DE PAVIE.

Pl. 37

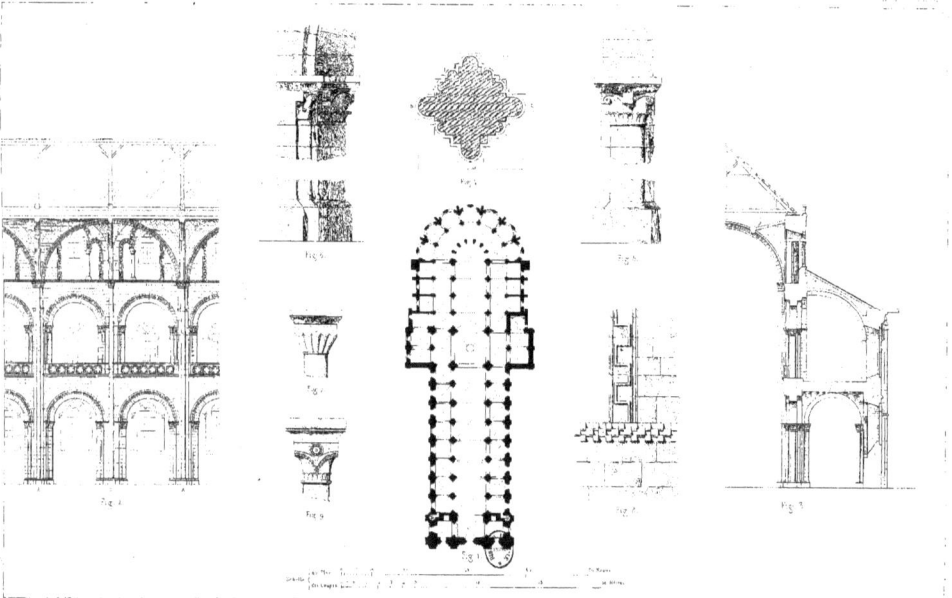

Fig. 4.

Fig. 6.

Fig. 5.

Fig. 7.

Fig. 1.

Fig. 2.

Fig. 3.

Fig. 8.

Fig. 9.

ST ÉTIENNE DE CAEN

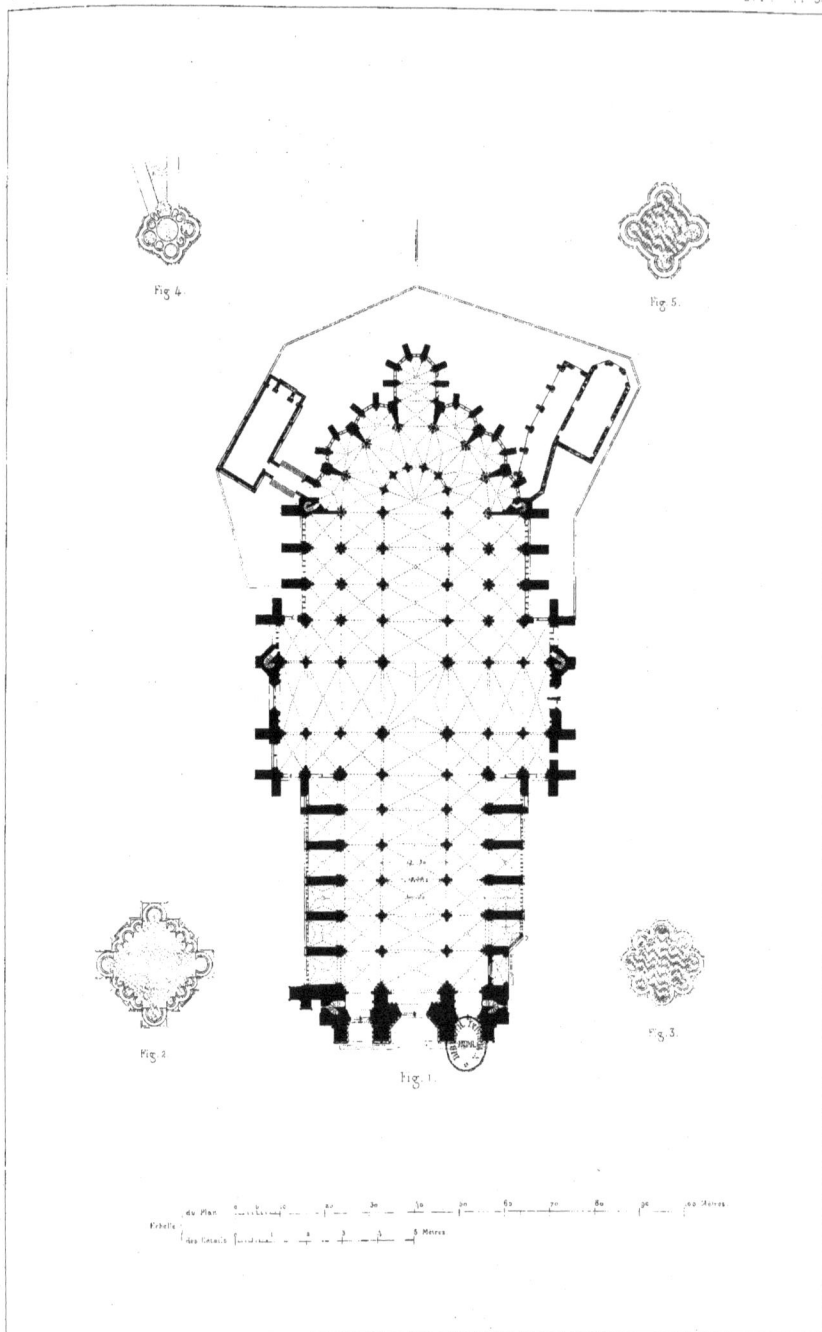

Fig 4.

Fig 5.

Fig 2.

Fig 3.

Fig. 1.

Échelle du Plan

des Détails

CATHÉDRALE D'AMIENS.

CATHÉDRALE D'AMIENS.

CATHÉDRALE D'AMIENS.

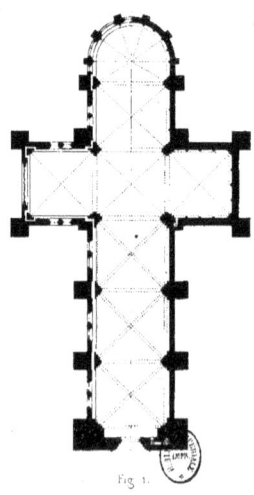

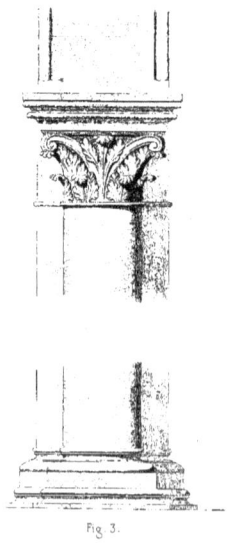

Fig. 8.

Fig. 9.

Fig. 10.

Fig. 6.

Fig. 2.

Fig. 7.

Fig. 4.

Fig. 1.

Fig. 3.

Fig. 5.

CATHÉDRALE D'ANGERS.

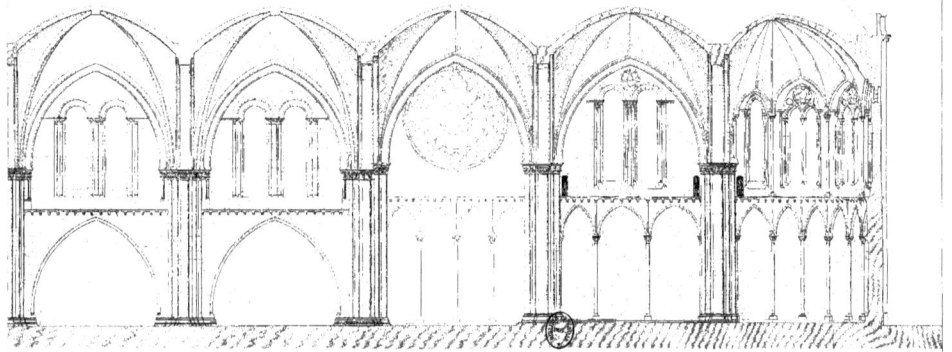

CATHÉDRALE D'ANGERS

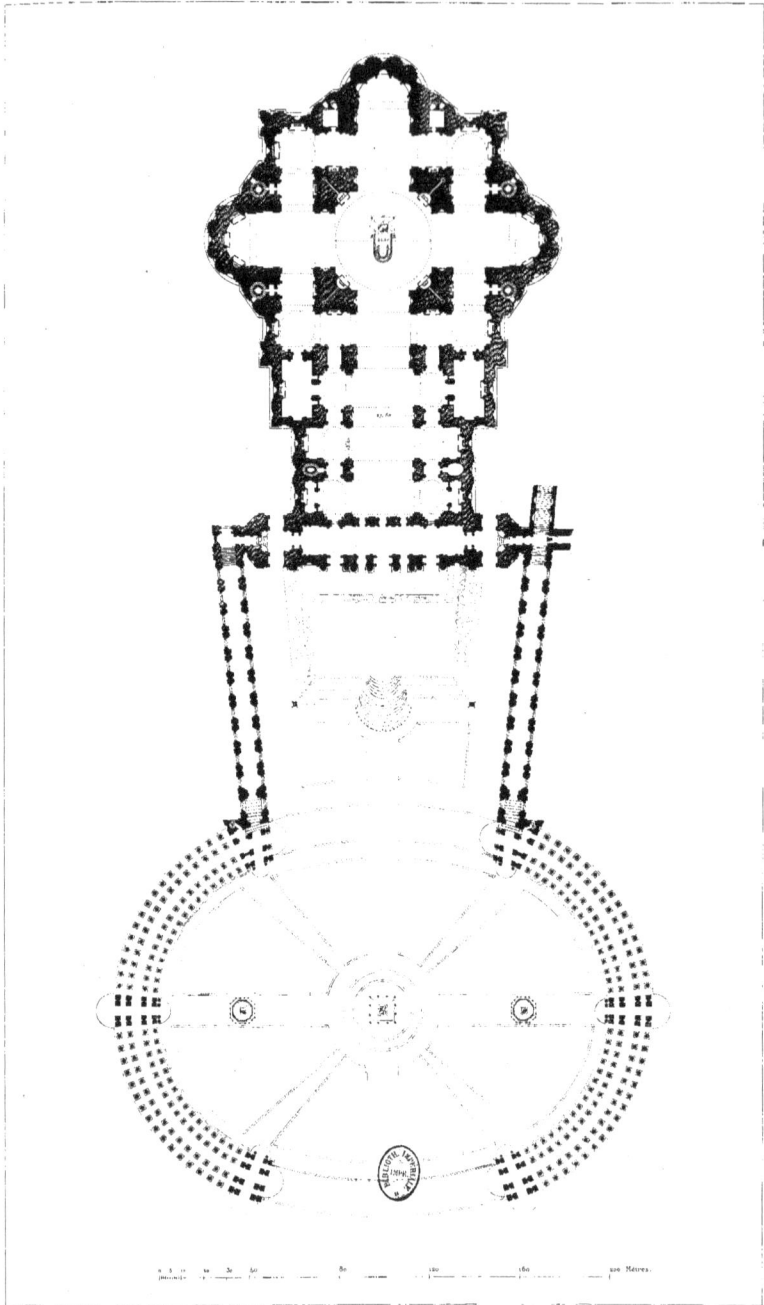

St PIERRE DE ROME.

ST PIERRE DE ROME

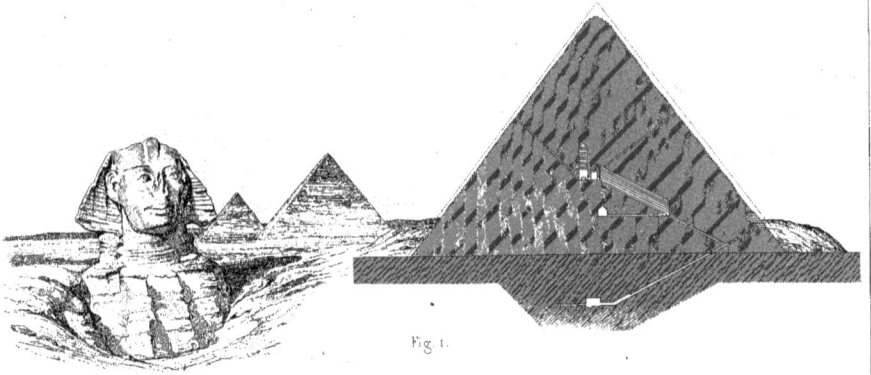

Fig. 1.

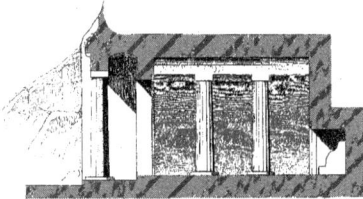

Fig. 7.

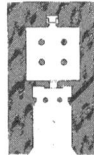

Fig. 5.

Fig. 6.

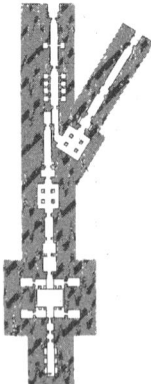

Fig. 2.

Fig. 8.

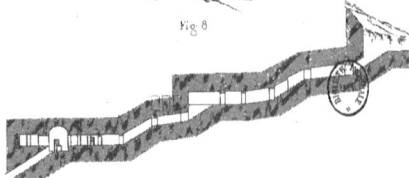

Fig. 4.

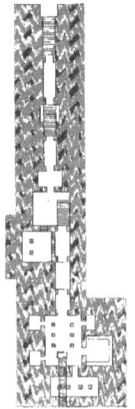

Fig. 3.

Gauchard sc.

TOMBEAUX ÉGYPTIENS.

Fig. 6.

Fig. 1.

MNHΣIΣTPATH

Fig. 5.

Fig. 3.

Fig. 2.

Fig. 4.

Fig. 7.

TOMBEAUX GRECS.

Fig. 1.

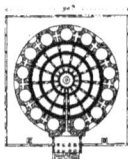

Fig. 2.

Fig. 3.

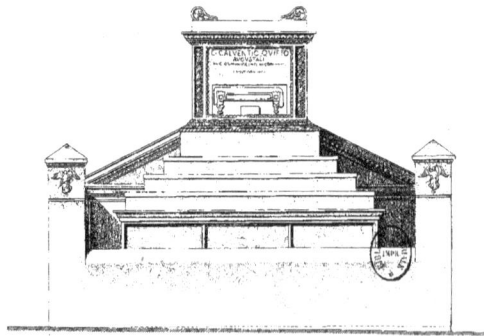

Fig. 4.

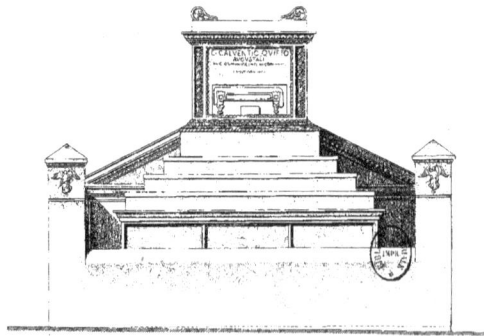

Fig. 5.

TOMBEAUX ROMAINS.

Fig. 3

Fig. 2

Fig. 1

Fig. 4

Fig. 9

Fig. 7

Fig. 6

Fig. 5

Fig. 8

TOMBEAUX MODERNES

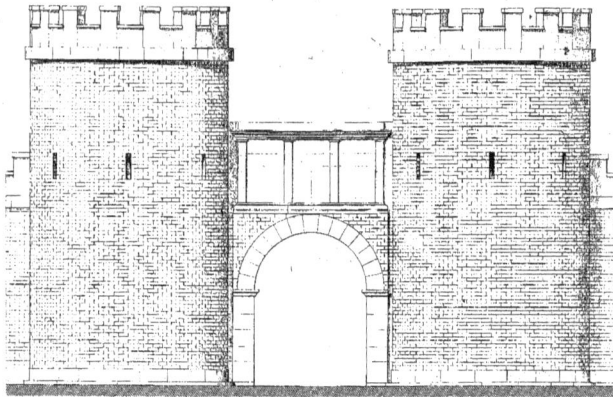

Fig. 1.

Fig. 2.

Fig. 3.

Fig. 5.

Fig. 4.

Fig. 6.

1 PORTE DE NÎMES.___3 PORTE D'AUTUN.

Fig. 6.   Fig. 5.   Fig. 7.

Fig. 8.

Fig. 2.   Fig. 1.   Fig. 3.

Fig. 4.

Échelle des Fig.

1 ARC DE TITUS — 5 ARC DE ST CHAMAS.

Fig 1

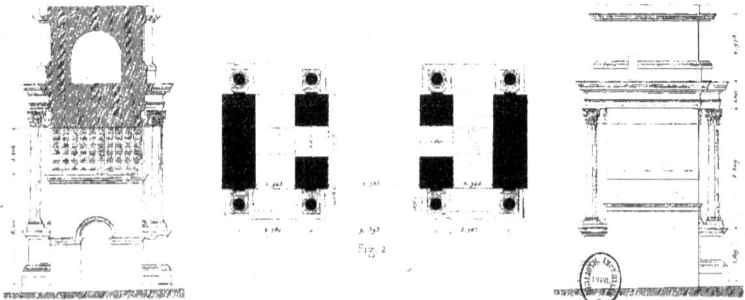

Fig 3   Fig 2   Fig 4

Echelle { de la Fig 1 .... 10 Mètres
          des Fig 2.3.4 .... 10 Mètres

ARC DE SEPTIME SÉVÈRE.

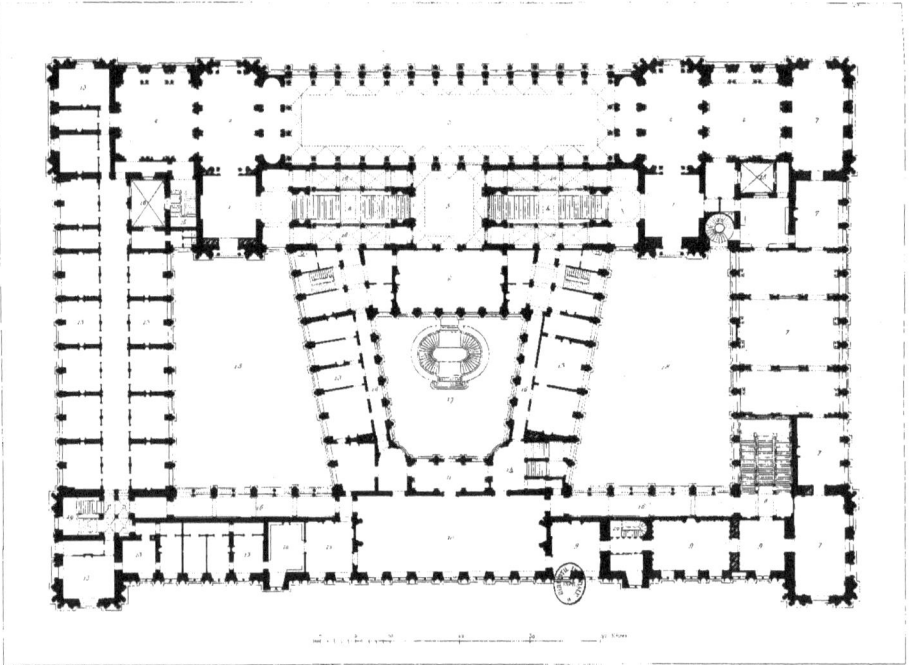

HÔTEL DE VILLE DE PARIS

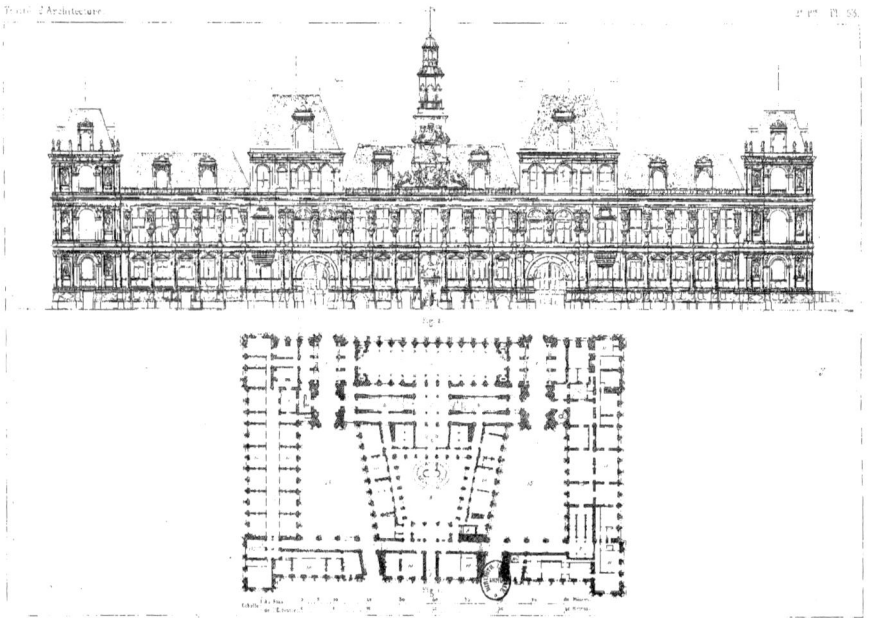

Fig. 1

Échelle

HOTEL DE VILLE DE PARIS.

Pl. 86

HÔTEL DE VILLE DE PARIS.

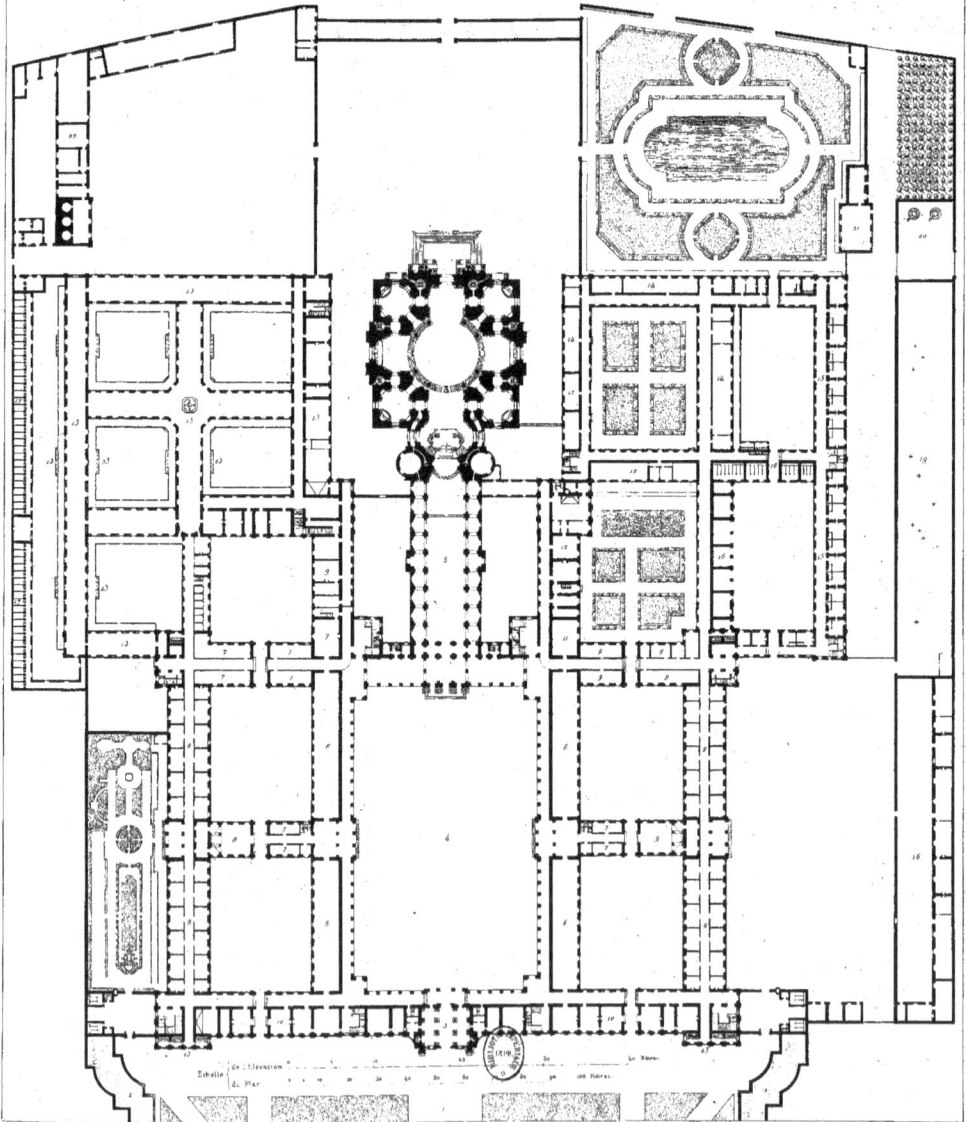

HÔTEL DES INVALIDES.

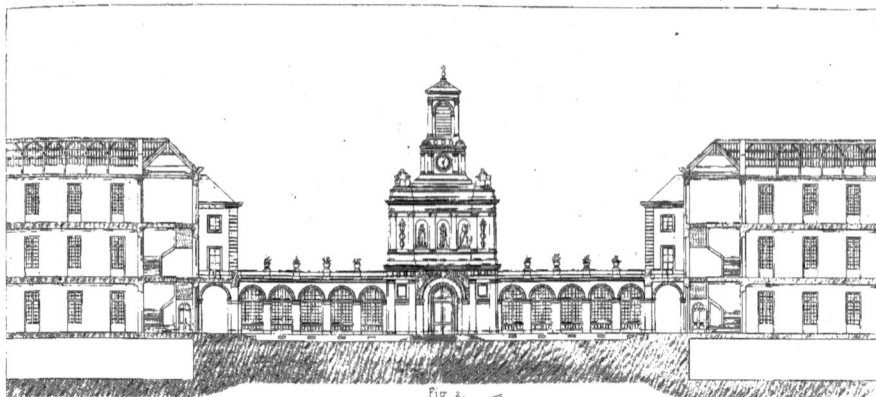

Fig. 2.

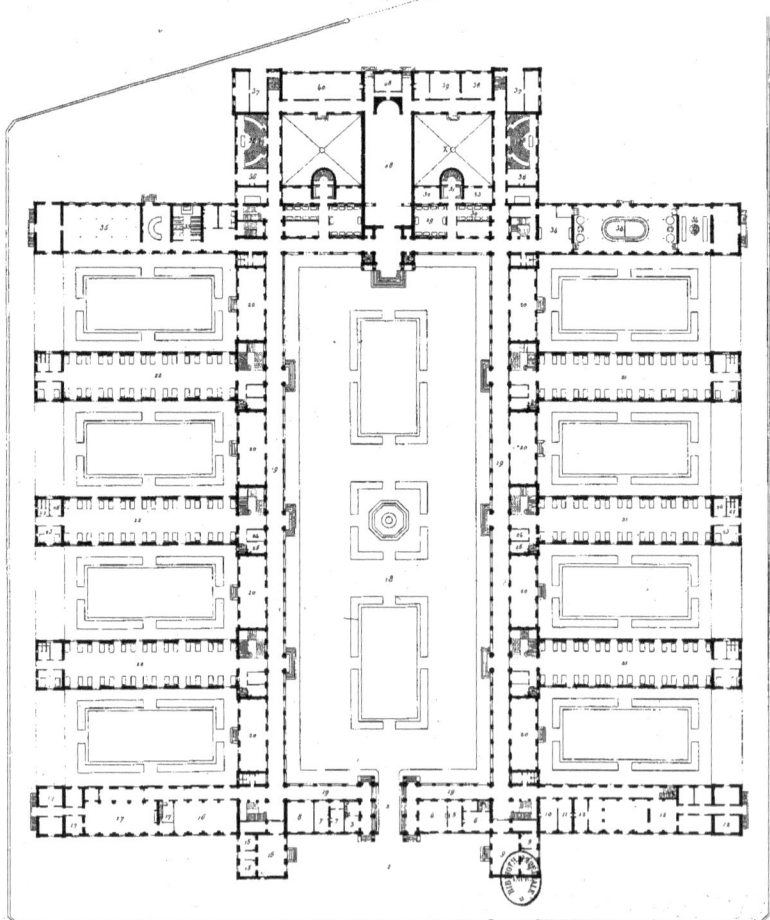

Fig. 1.

Echelle du Plan
de la Coupe

HÔPITAL LARIBOISIÈRE.

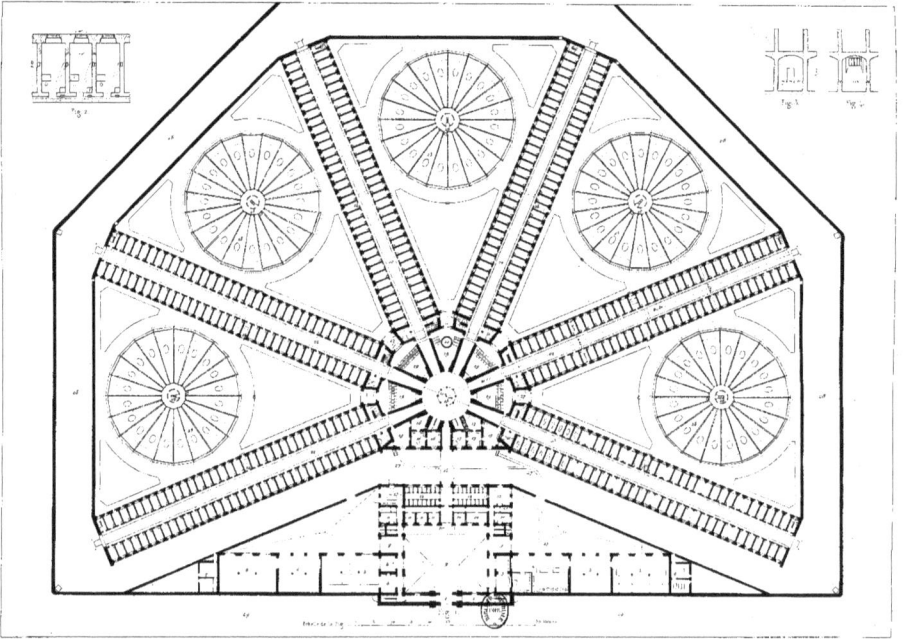

PRISON MAZAS.

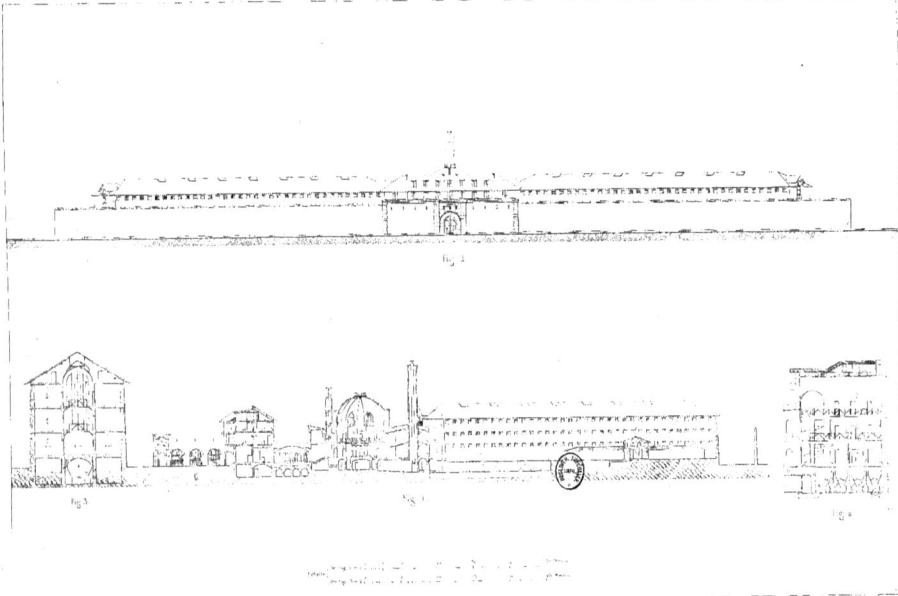

Fig. 1

Fig. 3

Fig. 2

Fig. 4

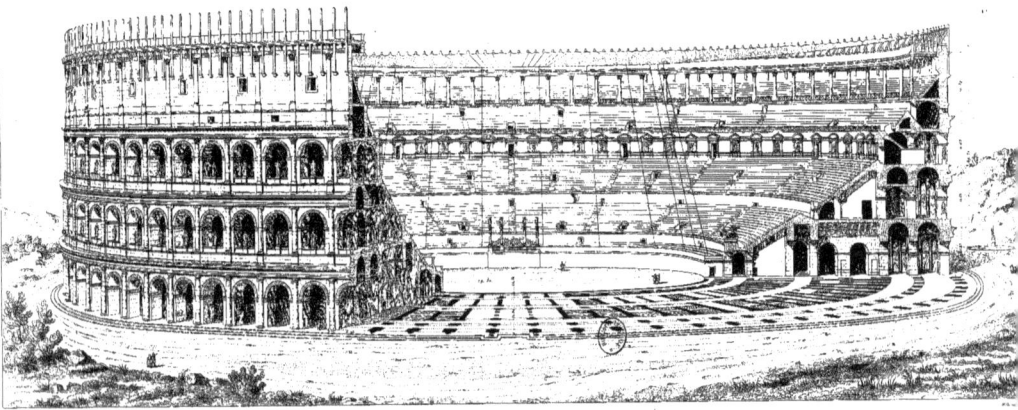

Pl. 130

COLYSÉE.

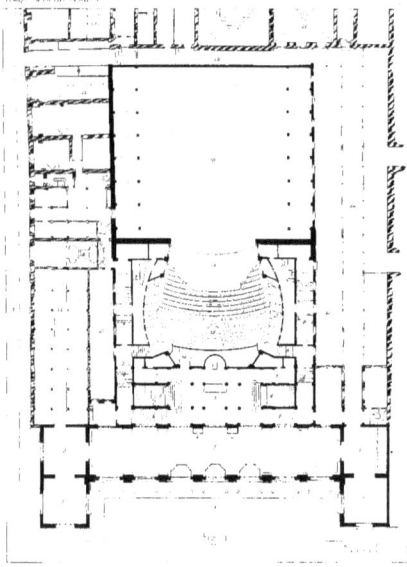

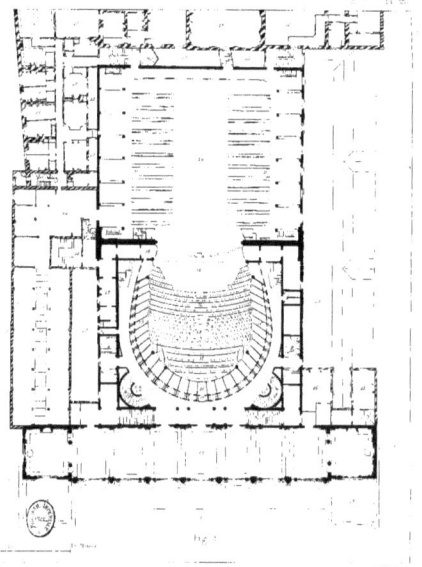

THÉATRE DE L'OPÉRA.

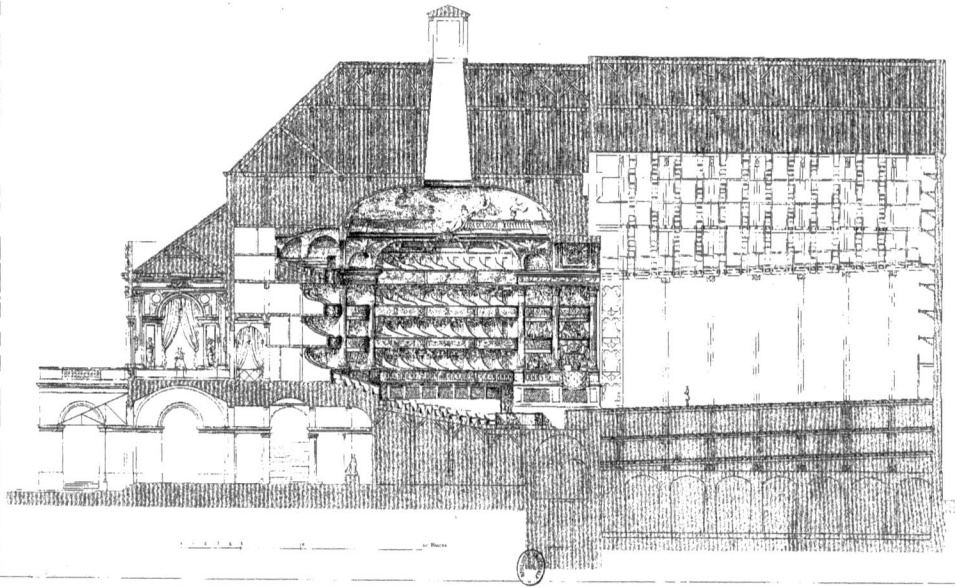

THÉÂTRE DE L'OPÉRA.

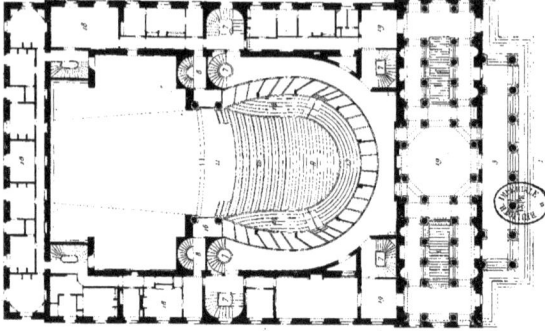

Fig. 2.

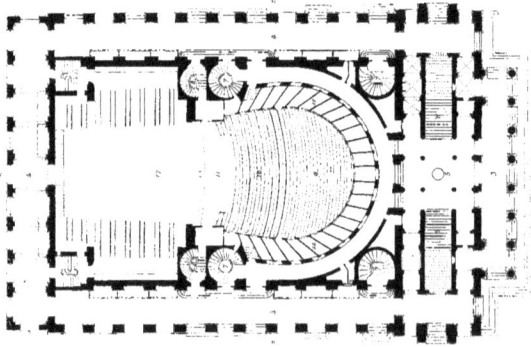

Fig. 1.

THÉÂTRE DE L'ODÉON.

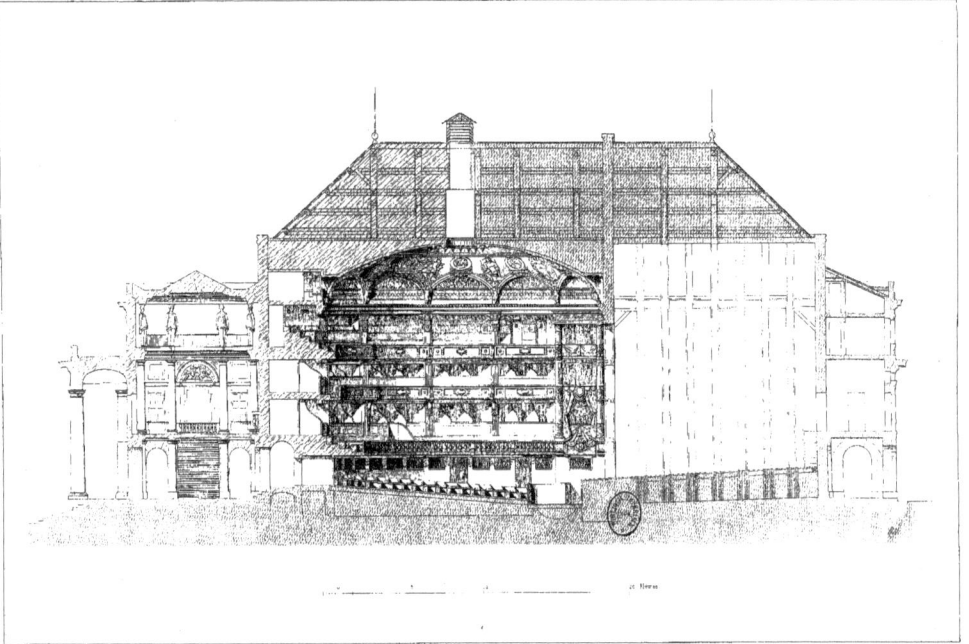

THÉÂTRE DE L'ODÉON

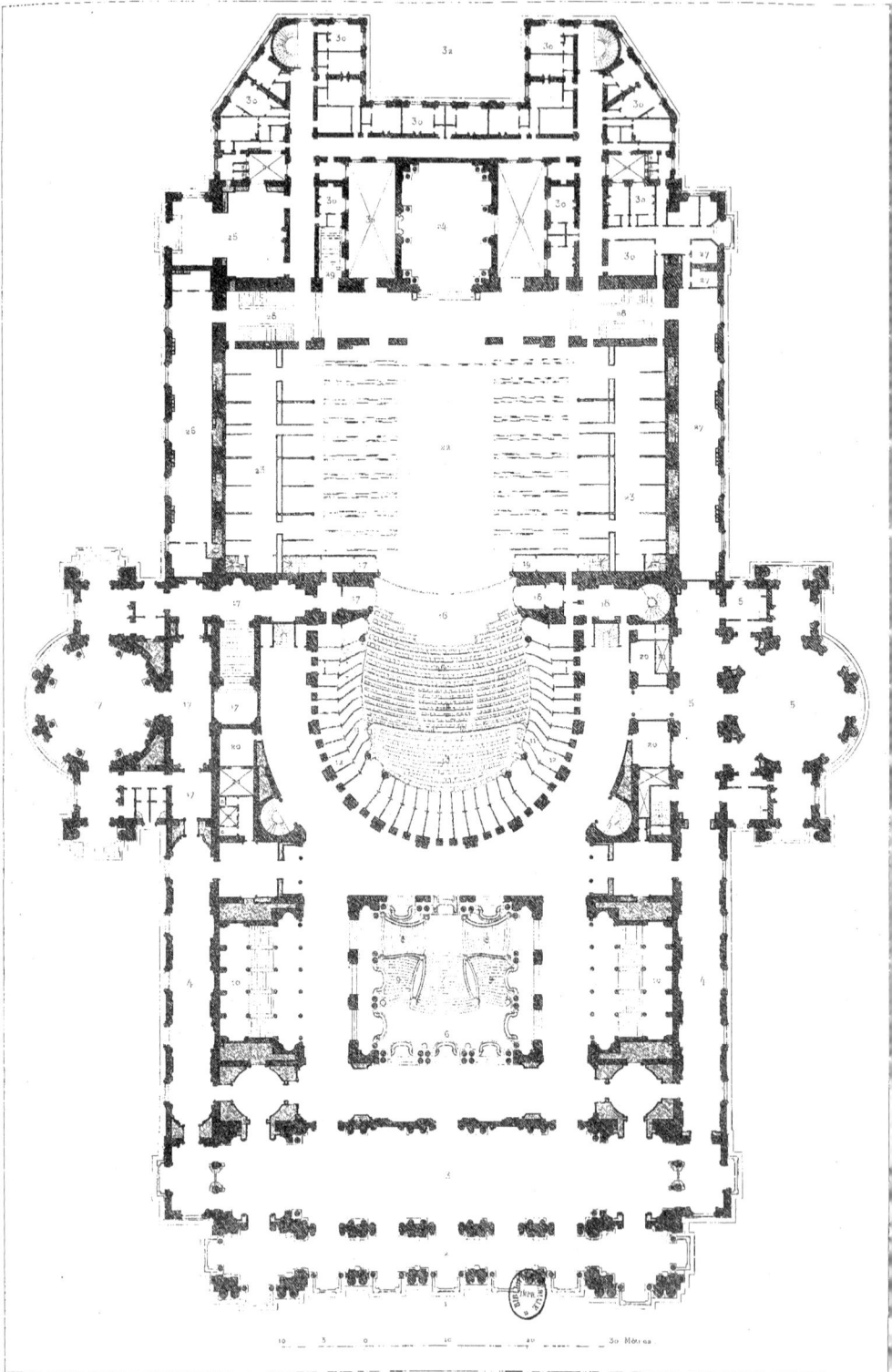

NOUVEAU THÉÂTRE DE L'OPÉRA.

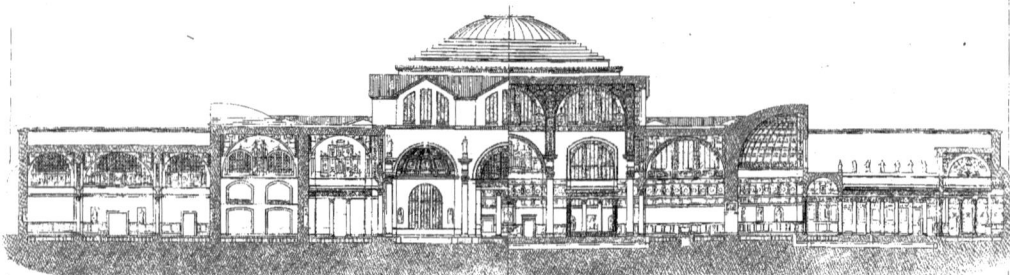

Fig. 2.

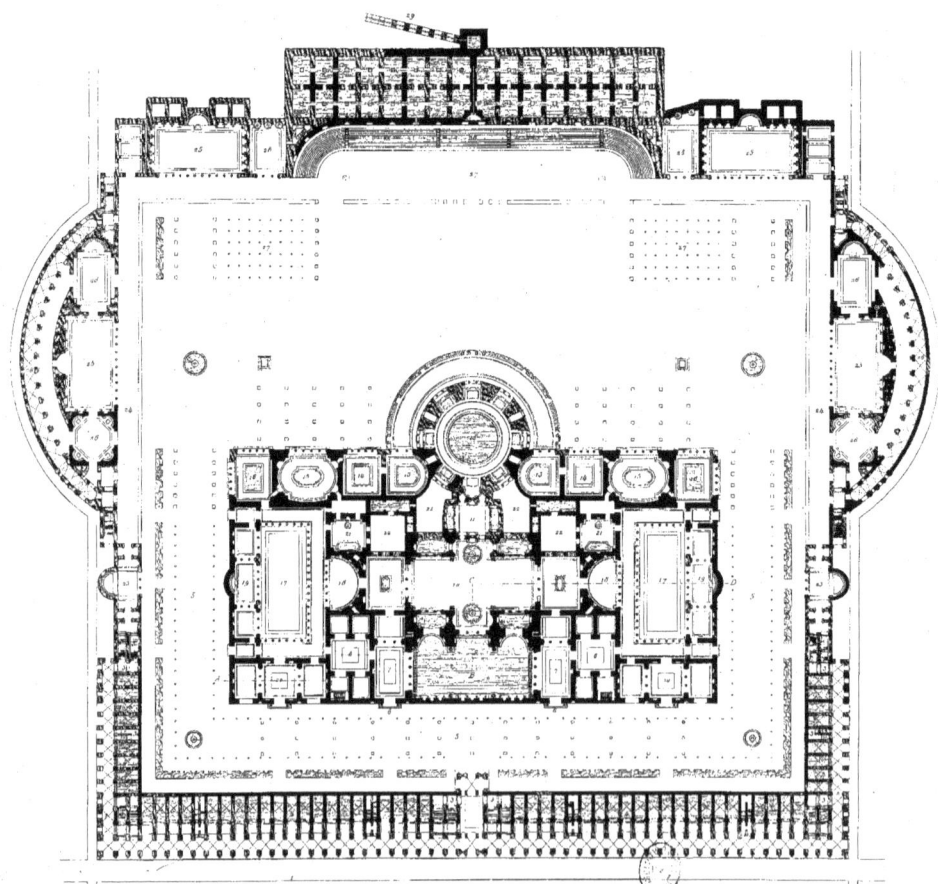

Fig 1.

Echelle { du Plan / de la Coupe

THERMES DE CARACALLA.

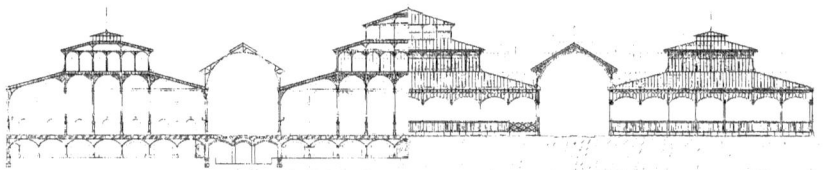

Fig 2

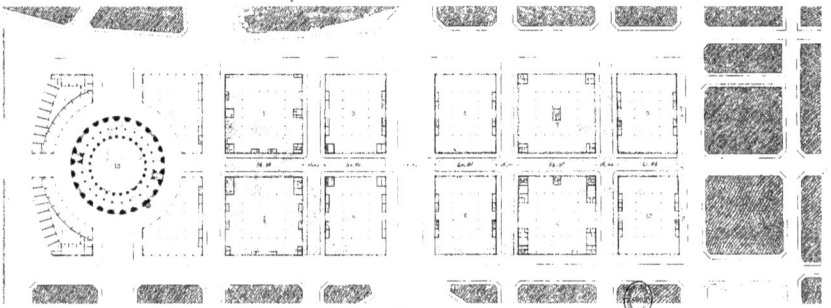

Fig 1

GRANDES HALLES DE PARIS

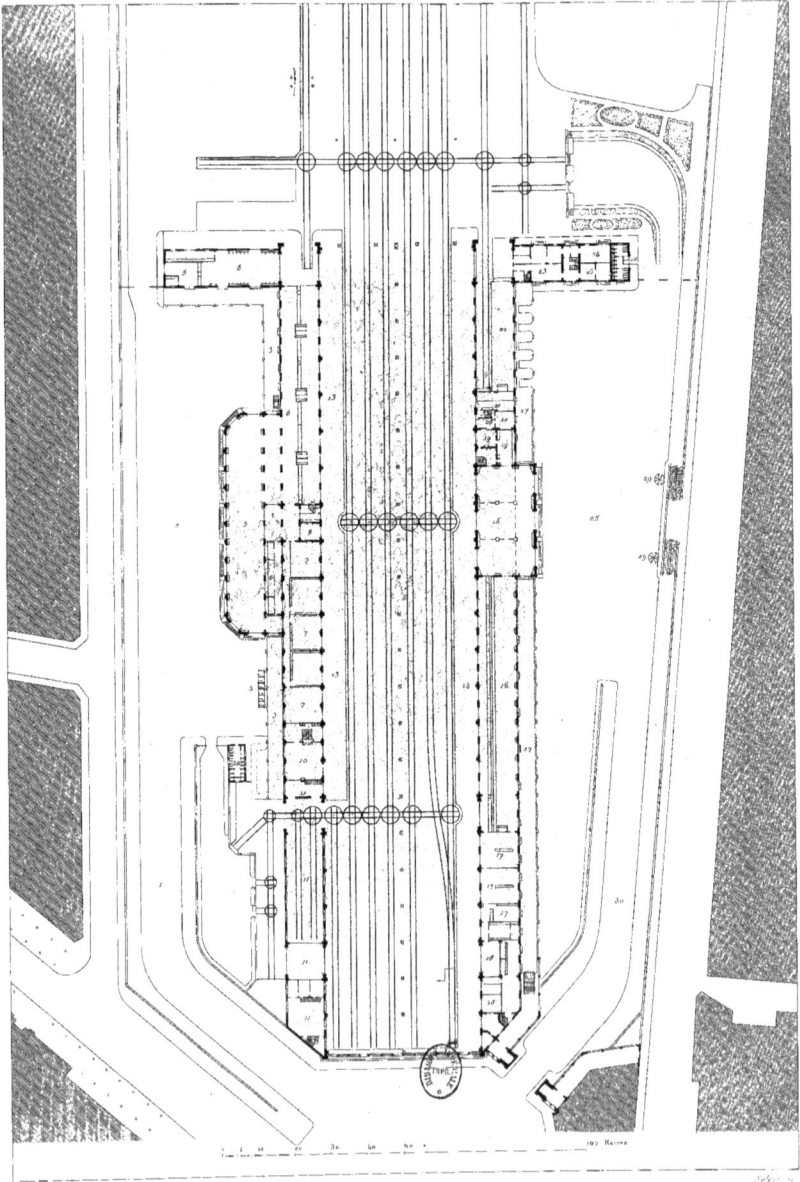

GARE DE CHEMIN DE FER.

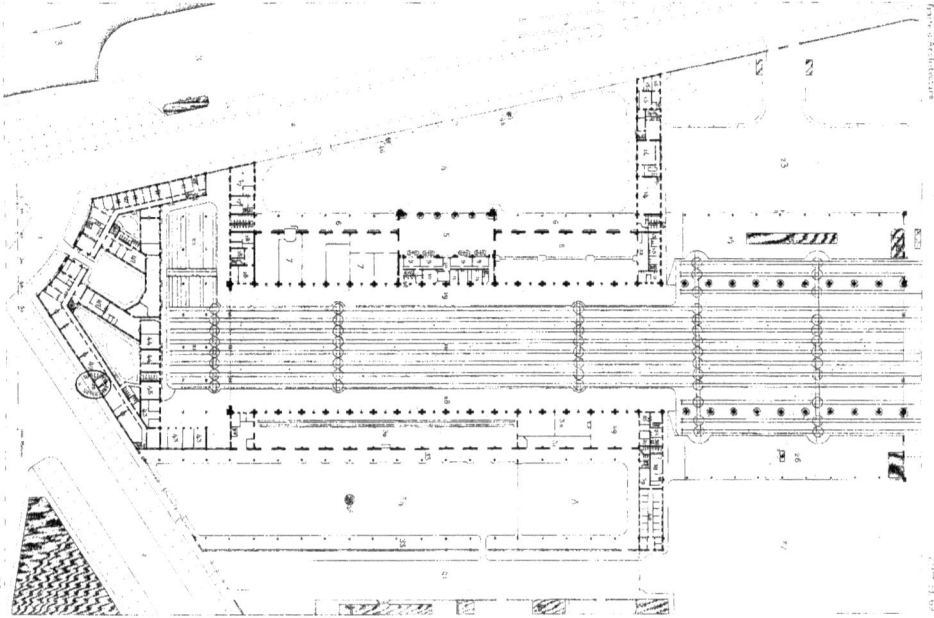

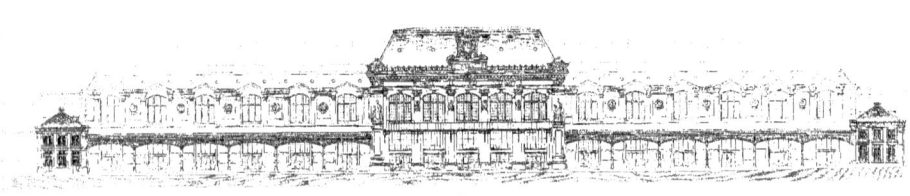

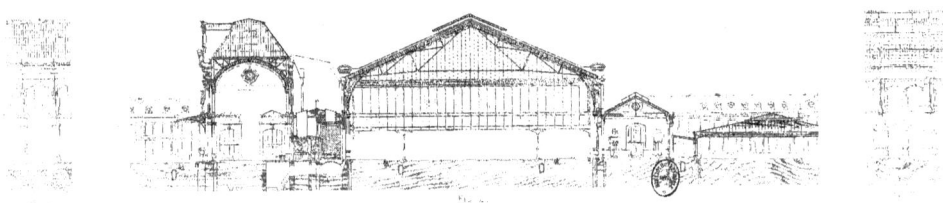

Fig. 6.

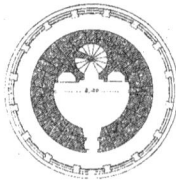

Fig. 5.

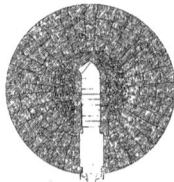

Fig. 4.

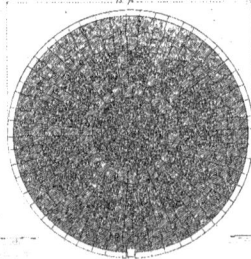

Fig. 3.

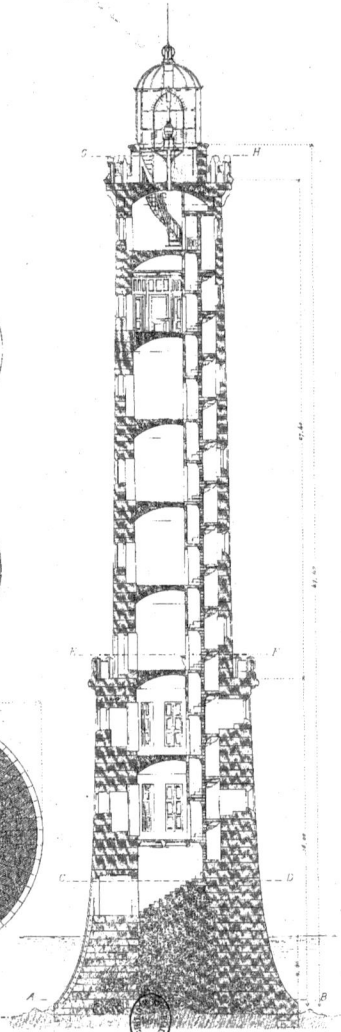

Fig. 1.

Fig. 2.

Échelle de   1   .   .   .   10 Mètres.

PHARE DE BRÉHAT

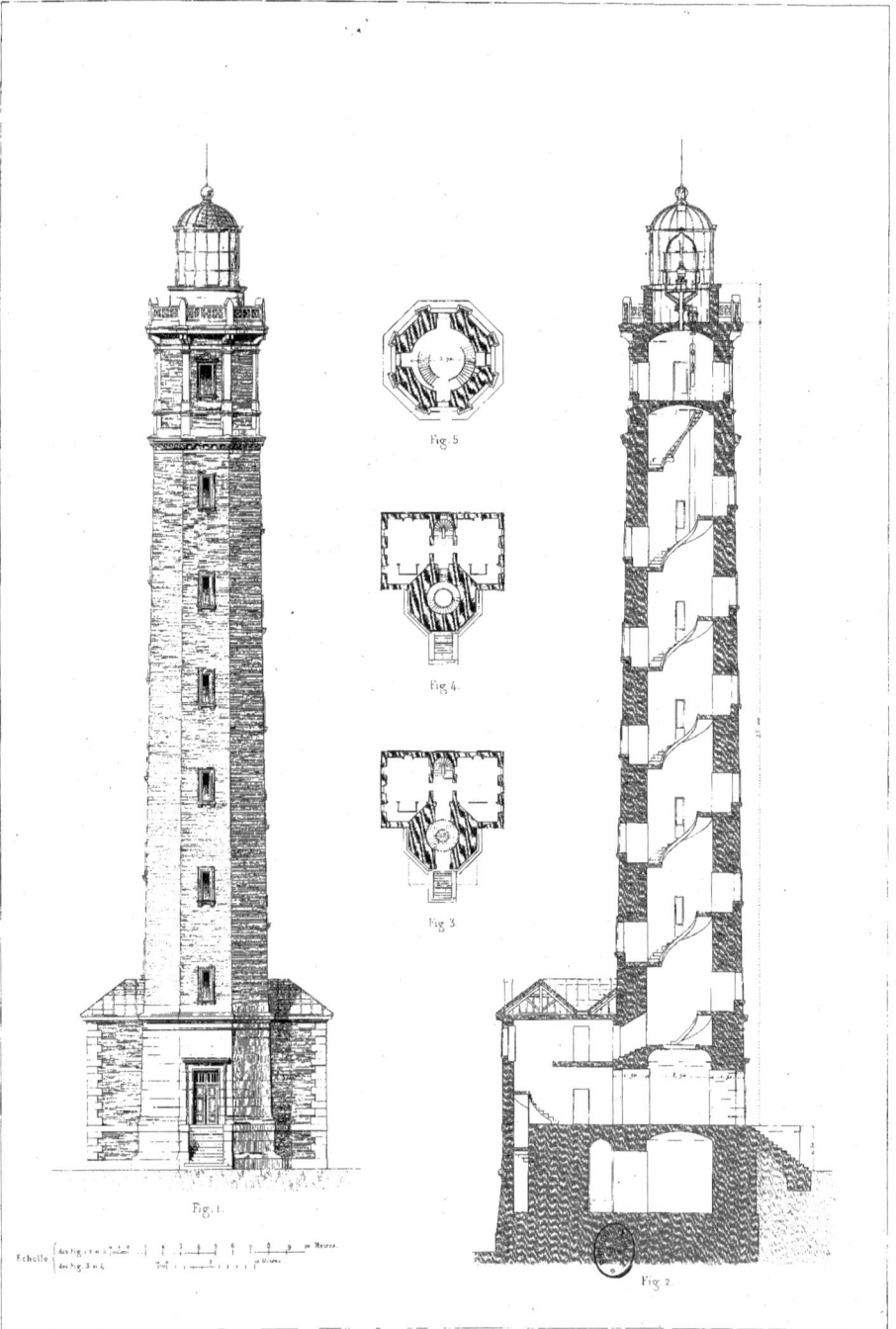

Fig. 5.

Fig. 4.

Fig. 3.

Fig. 1.

Fig. 2.

Echelle

PHARE DE CALAIS.

Fig. 3

Fig. 1

Fig. 2

Fig. 4

Fig. 5

IDEMOVE
PROBAVIT

Fig. 6

Fig. 9

Fig. 7

Fig. 8

PONTS ANTIQUES

Fig. 1.

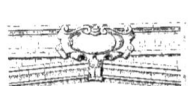 

Fig. 2.   Fig. 3.   Fig. 4.

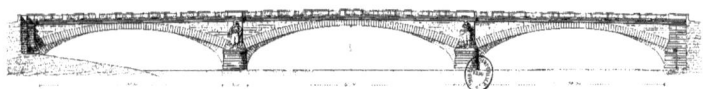

Fig. 5.

Fig. 7.   Fig. 6.

PONTS MODERNES

Fig 1

Fig 2

Fig 3

Échelle

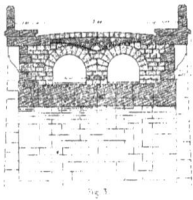

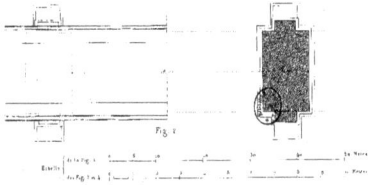

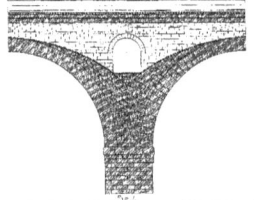

VIADUC DE CINAY

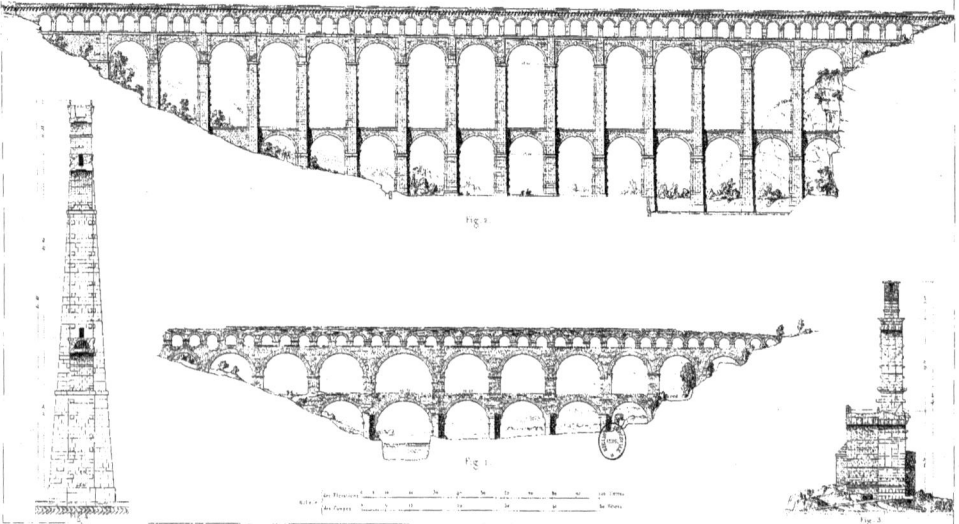

Fig. 2

Fig. 1

Fig. 3

AQUEDUCS

Fig 3   Fig 2   Fig 5   Fig 6

Fig 1   Fig 4

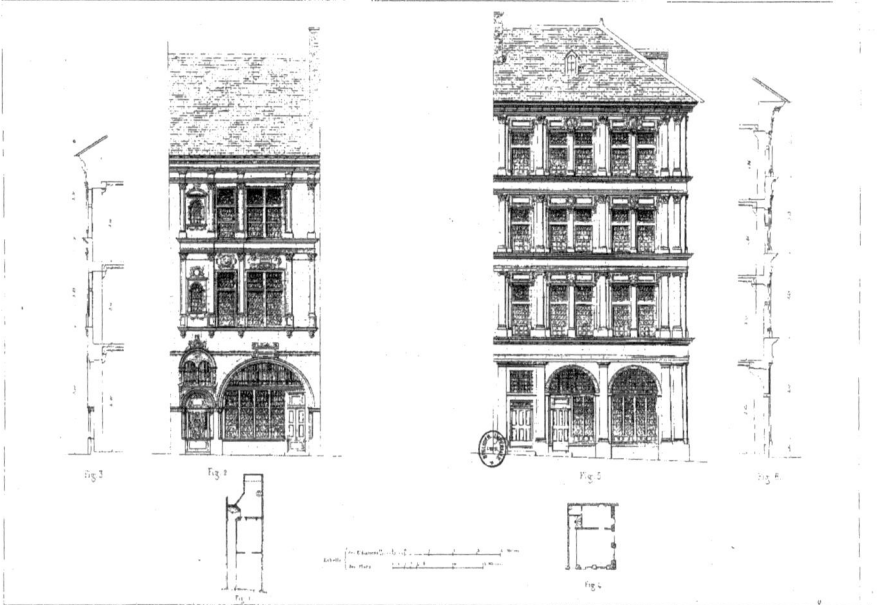

MAISONS DU XVIe SIÈCLE

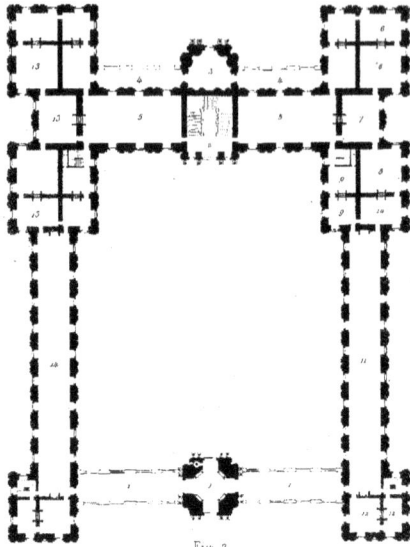

Fig. 2.

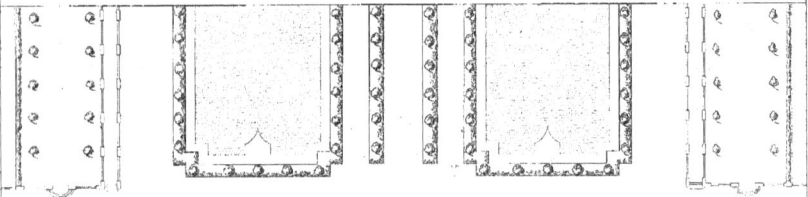

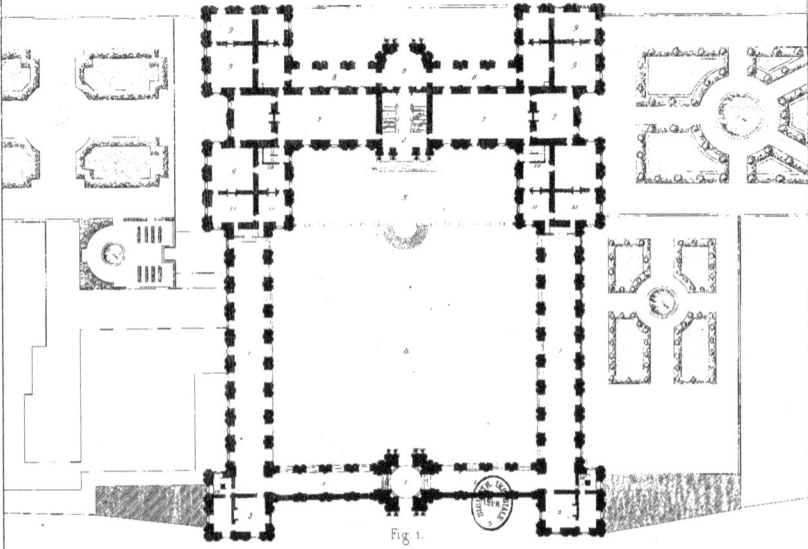

Fig. 1.

PALAIS DU LUXEMBOURG

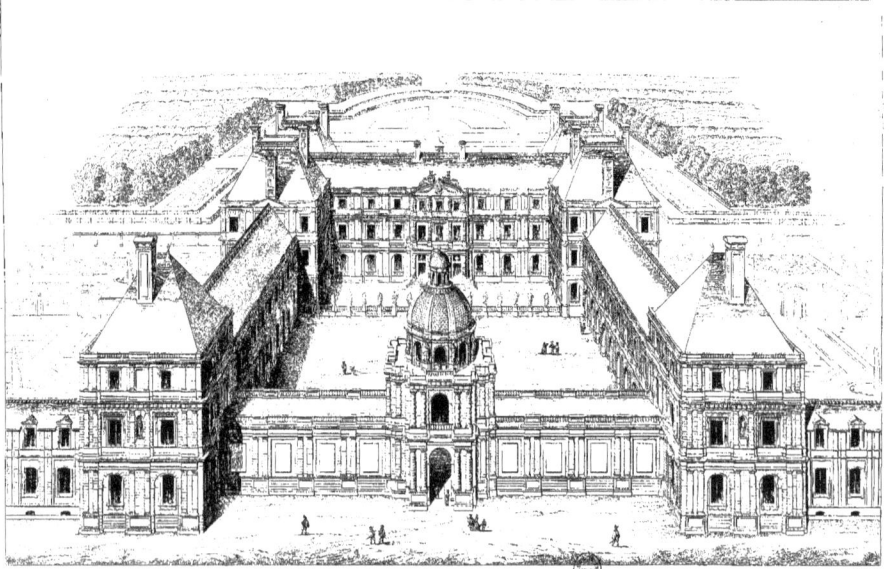

PALAIS DU LUXEMBOURG.

Fig. 2.

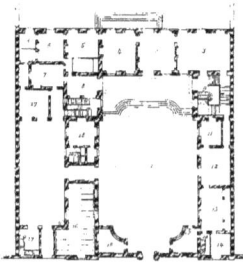

Fig. 1.

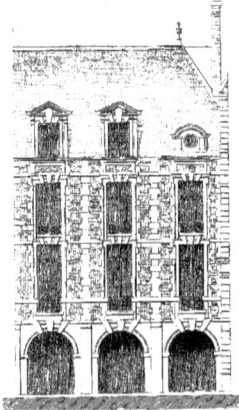

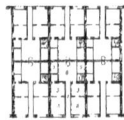

Fig. 5

Fig. 4

Fig. 6.

HÔTEL ET MAISONS DU XVIIᵉ SIÈCLE.

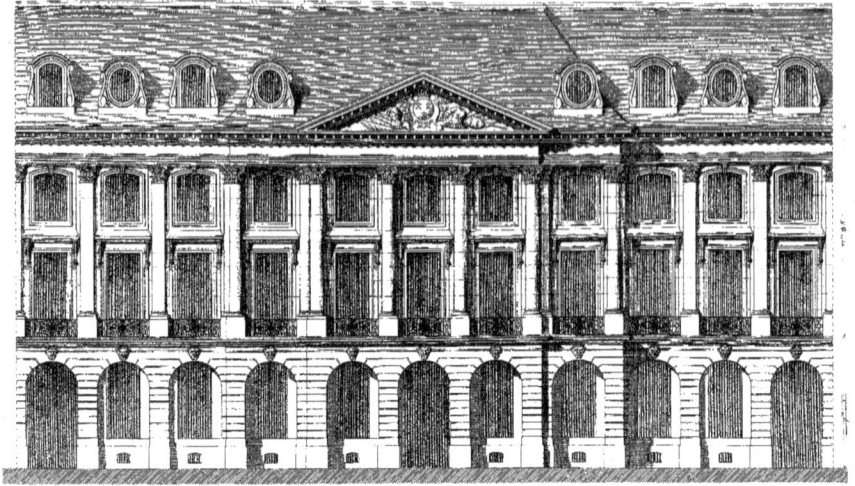

Fig. 1.

Fig. 2.

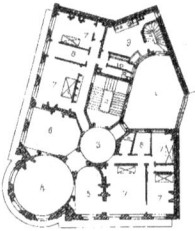

Fig. 5.

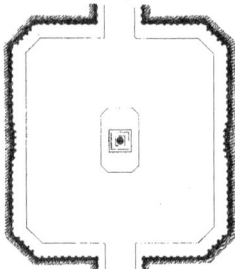

Fig. 3.

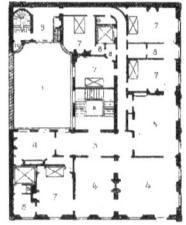

Fig. 4.

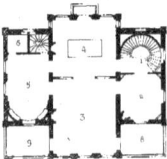

Fig. 7.

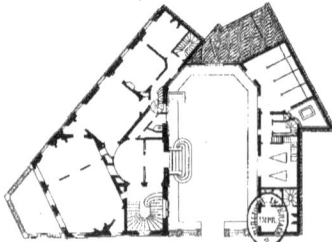

Fig. 6.

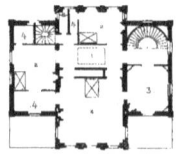

Fig. 8.

Echelle des Fig.

HÔTELS ET MAISONS.

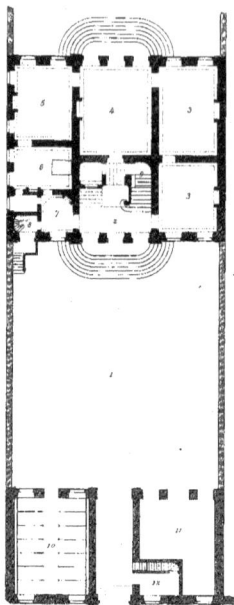

Fig. 2.

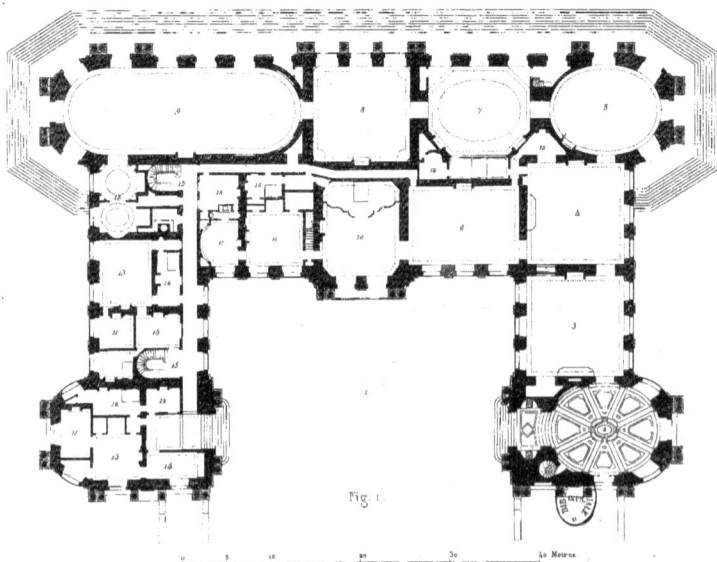

Fig. 1.

HÔTELS DU XVIIIᵉ SIÈCLE.

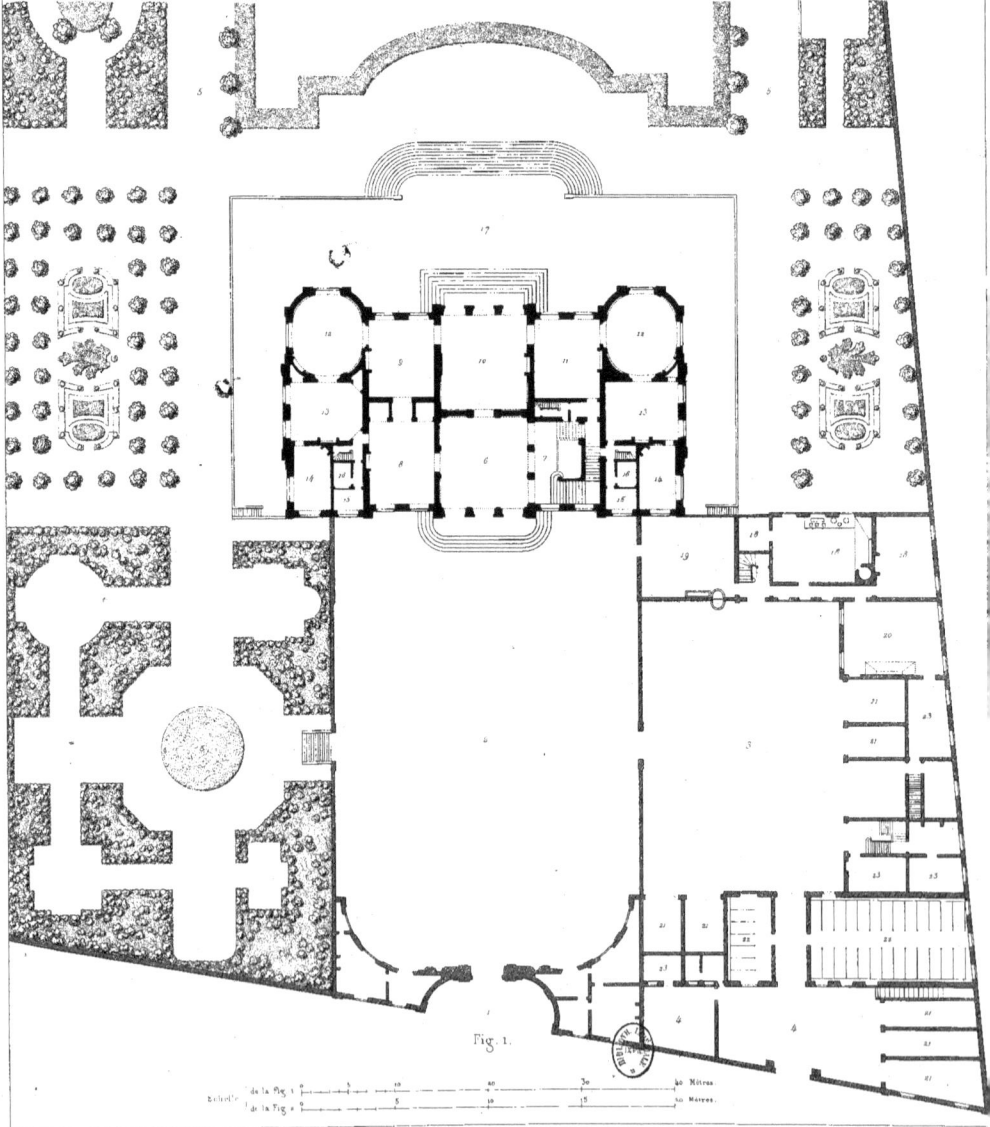

Fig. 2.

Fig. 1.

HÔTEL DU MAINE.

Fig. 2.

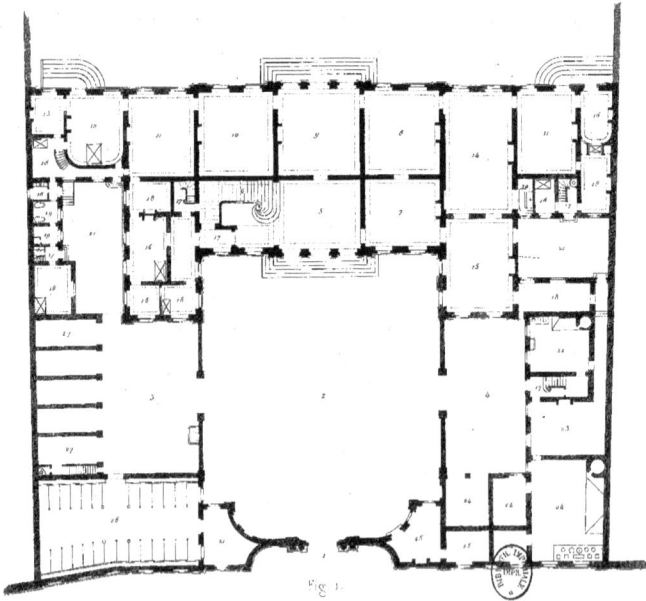

Fig. 1.

HÔTEL DE LA VRILLIÈRE.

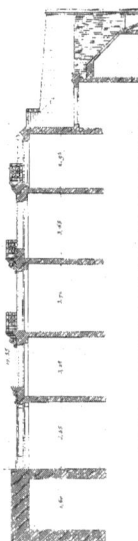

Fig. 3.

Fig. 4.

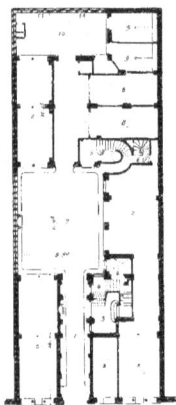

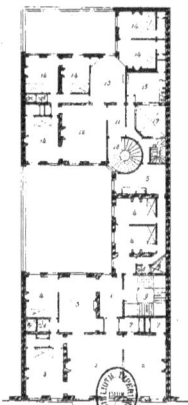

Fig. 1.

Fig. 2.

Echelle des Fig.

Imp. Chῐmoꞇ et Lemaῐtre à

MAISON.

Fig. 3.

Fig. 4.

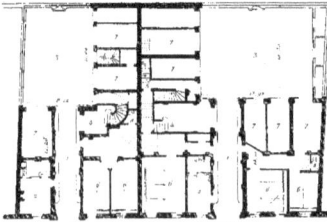

Fig. 1.

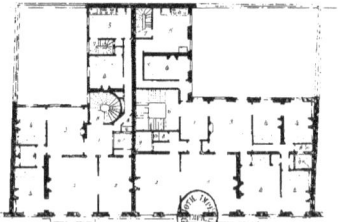

Fig. 2.

Échelle des Fig.

MAISON

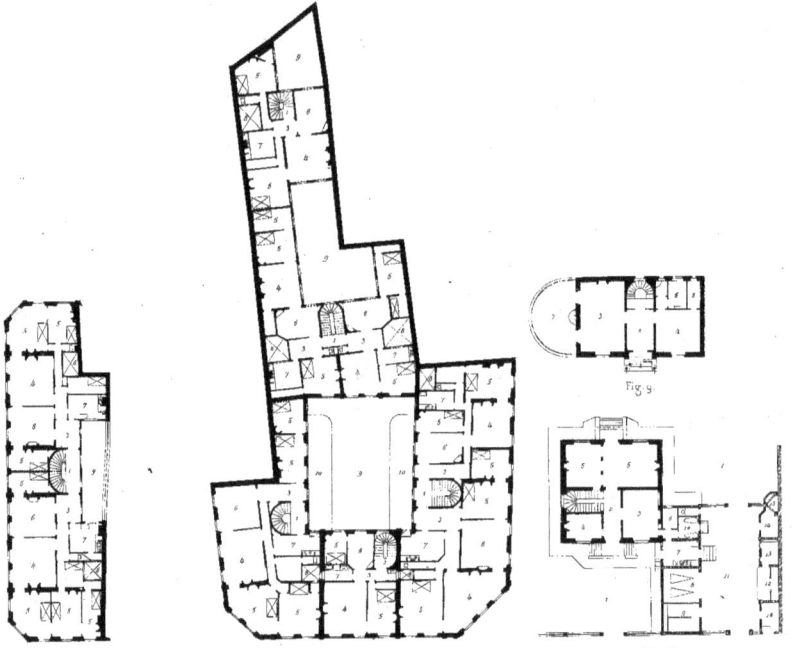

Fig. 4.　　　　Fig. 3.　　　　Fig. 8.

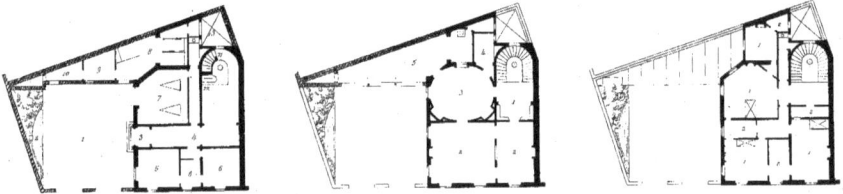

Fig. 5.　　　　Fig. 6.　　　　Fig. 7.

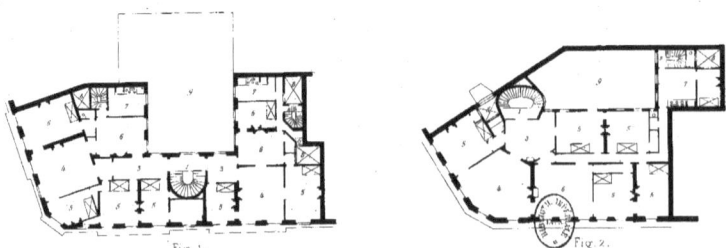

Fig. 1.　　　　Fig. 2.

MAISONS.

CHÂTEAU DE CHENONCEAUX

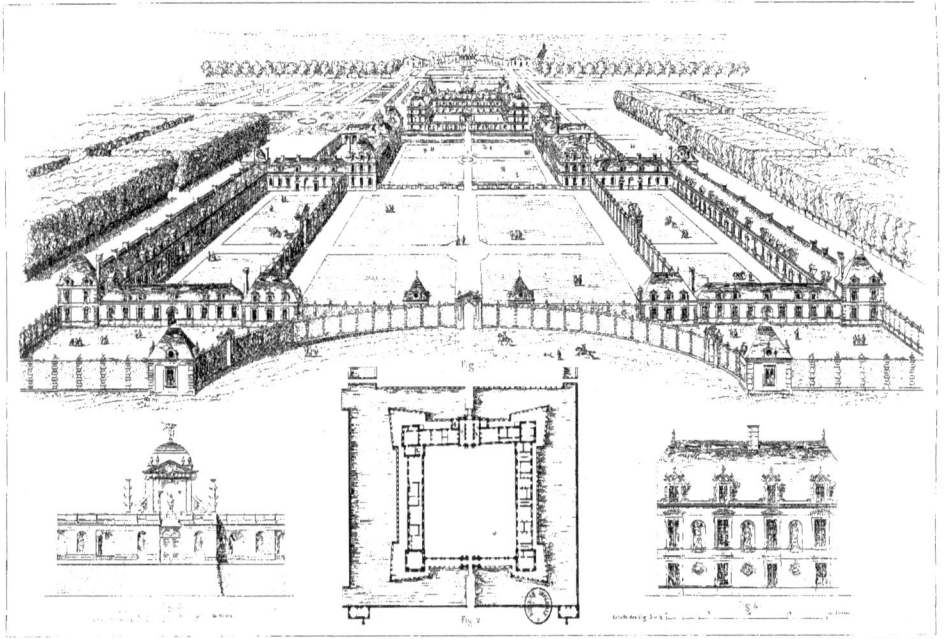

CHÂTEAU DE RICHELIEU

Fig. 3.

Fig. 1.

Fig. 4.   Fig. 2.

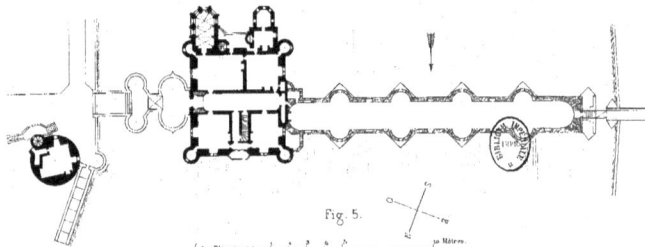

Fig. 5.

Échelle { des Élévations
          des Plans

PETITS CHÂTEAUX.

Fig. 3.

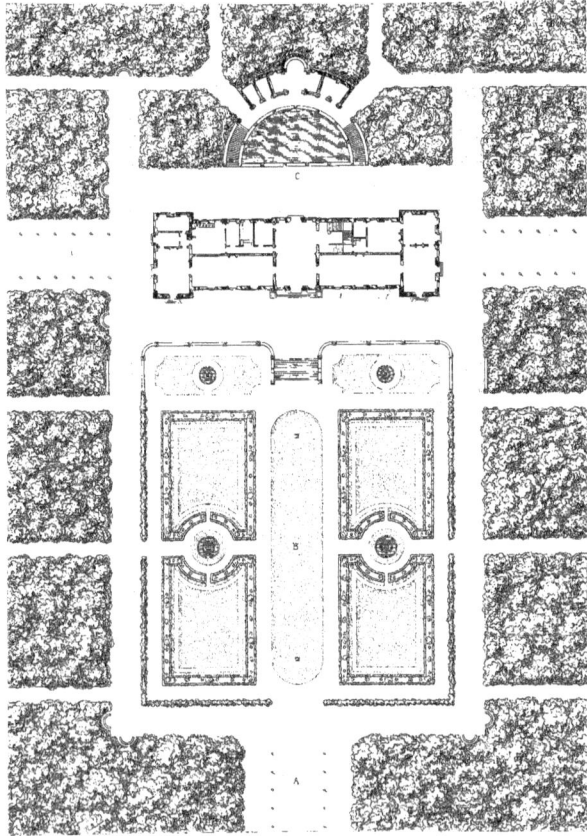

C

Fig. 1.

Fig. 2.

Echelle des Fig.

CHÂTEAU DU XVIIIᵉ SIÈCLE.

Fig. 7.

Fig. 5.

Fig. 1.

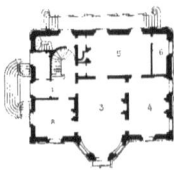

Fig. 3.

Fig. 6.

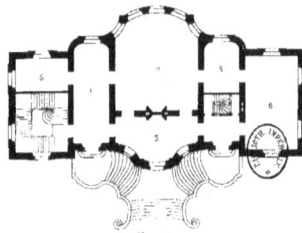

Fig. 4.

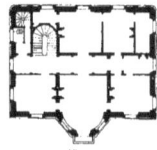

Fig. 2.

Fig. 8.

Echelle des Élevations ... en Mètres
des Plans ... au Mètre

Grassi par F. Label.

MAISONS DE CAMPAGNE.